*A Way to Piano Paformance*

# ピアノ演奏への道

*About creative piano education*

## 創造的なピアノ教育について

ニキタ・ユジャニン 著
*Nikita Juzhanin*

石井久美子 編著
永木早知 共編訳

Stylenote

# 目　次

## 第4章　演奏を原因とする手の障害

## 第5章　ペダルについて

## 第6章　ピアノ教育における師弟関係

# 第7章 音楽における美意識について

# 第8章 音楽の「今」とピアニストの新しい課題

# はじめに

　この本の内容や構成は、一般的なピアノメソッドの本とは異なるものになっています。

　このそれほど大きくはない本の趣旨は、ピアノ演奏における様々な面についての主体的な理解と創造的な考え方を促す「試み」です。ピアノ音楽、ピアノ演奏とそのための教育における様々な側面について、よりよく知りたい、理解を深めたいと望んでいる全ての知性ある賢明なピアニスト、学習者、ピアノ教師への一助になることができれば、というのが私の思いです。

　この目的のために、様々な違った「道」「方法」を示すことができると思います。例えば「音楽」という、私達が演奏するものの現象の本質とは何なのか、また、それが人の感情や思考に与える説明し難い大きな影響はいかに起こるのか、といったテーマについても、できるだけ分かりやすい言葉で平易に記述することを試みています。このような問題について真剣に思索してみることで、ピアノ演奏においての新しく深い理解と進展をもたらすことができるはずだからです。

　ピアノ演奏や音楽に関しての、様々な本質的な問題について厳密に述べようとすると、言葉の限界という壁に突きあたります。これは日本語に限らず、いかなる言語においても等しく起こる問題で、音楽やピアノ演奏に関する、あらゆるアイディアや概念の一つひとつを名付けるはっきりした言葉・定義というものが、一般的に存在していないからです。

　例えば「ピアニストの職業病（手の故障など）に関する問題解決」は、身体面に関わる指導・教育の「実践的な」領域です。しかし私が知る限り、今までのピアノメソッドにおいては触れられておらず、その定義や原因についての十分な記述がありません。これは定まった言葉の使い方がまだない領域なのです。ですから、このような特殊で非常に難しいタイプの事柄についての「記述」が、読者にとって、ある程度理解しうるものとなっていれば……と念じています。

また、この本の規模と形には収めることのできない「コンサートピアニストの教育」に関する、複雑で「精妙」の域に属する様々な分野のテーマは他にもまだたくさんあります。例えば、「ヴィルトゥオージティ（技巧の名人的な卓越）」や「芸術的才能を伸ばす」ということについて。また、コンサートのステージでの演奏における「聴くコントロール」や「無意識的な不安」を含む、聴衆を前に演奏する際の「不安」という心理的問題について。また、演奏家から聴衆に向かって流れ、その心を強く捉え、最後まで逸らさせない「心的エネルギー」の教育。非常に繊細な音のグラデーションを創り出すことのできる「最高度のテクニックの洗練」というような、芸術的でありながら非常に実践的な問題もあります。さらには、感情と社会心理の領域に入る「ピアニストと聴衆の間の相互作用」についての、非常に大きくまた複雑な問題もあります。これは、音楽に対して異なった感受性を持つ様々なグループに対しての、演奏が与える影響・作用の違いの認識を含めた演奏教育という、実践面でも非常に大事な問題です。これもまた、異なった社会や文化水準に属するグループの、また国際的に見て異なった国民的・民族的メンタリティーを持つ聴衆についての理解をも含めた、大きなテーマです。

　そしてもう一つ、ピアノという楽器の場合だけに限定的で、非常に特殊な「音の創出」についての領域があります。それはペダルです。これは他の楽器にはないもので、唯一ピアノだけが、この全く違った次元の特殊な音の「色彩」を創ることのできる機能を備えているのです。厳密にいうと、今日のピアノには右、左、中央（例外的な場面で非常に稀に使われるにとどまる）の三つがあります。プロのピアニストは、これらのそれぞれの効果と組み合わせ方や、アーティスティックな使い方についての専門的な教育を受ける必要があります。また、ペダルのプロフェッショナルな使用における二つの重要な側面：ペダルを 1）Where：楽曲の「どこで」また「どのタイミングで」使うのか、また 2）How：「技術的」に身体を「いかに」使って踏むのか——について知ることも必要です。また、ピアノのテクニックの中でも「ペダルのヴィルトゥオーゾ・テクニック（名人芸的な卓越した技巧）」は、指導するのが最も難しいものの一つでもあります。こ

の極めて複雑でありながら興味の尽きない領域——ピアノの「音」の中でも「魔術的な」といってもよいほど特別な「ペダル」については、できれば将来あらためてまとまった研究として発表したいと考えています。

　ここに挙げた様々な側面の一つひとつが、ピアニストの高度な教育の実践に関わり、コンサートでの「大きな成功」に繋がってくる大きなテーマです。しかし、これらの全てが同時に——つまり心理面と技術面、また楽器の機能や社会的な面など、様々な面の作用が一体となって働いてはじめて、真の成果を生むことができるのです。

第1章

# 音楽とは

# 1　音楽というユニークな現象

## （1）「音楽とは何か」を考えてみる

　ピアニストや、ピアノを学んでいる学生、またピアノの教師たち——私たちは、毎日のようにピアノを弾き、音楽を奏でています。しかし、この「音楽」というものの定義、つまり「音楽とは何か」ということについて、本当に深く考えてみたことはあるでしょうか？　この章は、ごく簡単にではありますが、この「音楽」についての哲学的な考察から始めたいと思います。

　音楽は形而上的な現象です。しかし、この「音楽」を私たちが体験するには、音という物理的現象が媒体として存在することが必要です。「音」というのは、物理学的には「振動」がエネルギー（時間経過の中で生起した）として空間を伝わる現象です。それが最終的に私たちの「耳」に届くと、聴覚器官を通ったその振動エネルギーが「音」として認識されます。この「音」の複数の組み合わせが音楽的な「形」を持ち、「情報」を内包したとき、それを私たちは「音楽」と呼んでいるのです。さらにそれは、聴き手の感性や個性によって、一人ひとり異なった形而上的な「体験」となり、また各々の記憶の中にも存在するものとなります。

　音楽を「物理的な面の働き」と「そこから発生する現象」として、もう少し詳しく見ていきましょう。例えば、ある人がピアノを弾いているとき、その人は音楽を形作るための「要素」である「音」を、その空間に生み出しているのです。音楽の演奏では、まず楽器や声帯という「物質」を使います。ピアノの場合には弦を振動させます。その振動エネルギーが空気に満たされている空間を伝わり、私たちの聴覚器官に刺激を与えます。この振動エネルギーを私たちの感覚は「音」として聴きます。この「音」がある論理的な秩序をもって構成されたとき、特殊な「音による言語」す

なわち「音楽」として成り立つのです。それは聴き手に言葉では説明し難いような神秘的ともいえる方法で影響を及ぼし、その結果として形而上的な現象である「感情」や「思考」をもたらします。

　要約すると、音楽とは「音」を時間の流れの中に確たる順序に従って論理的に構成したものであり、それが聴く人の感覚を通じて内面にまで伝わると、深い感情や思考をも生み出させるものである、といえます。

　興味深いのは、音楽というものは、人がある楽曲を聴いている間だけ、それを音楽として理解できる能力を備えた「聴き手の内面に存在することができる」ということです。またその際に、音楽は聴き手から、それぞれの性格や経験に従った「異なった」イメージや感情を「引き出す」のです。言い換えると、ピアノ演奏などにより音楽が奏でられ（録音の場合には再生され）、それを受け取る聴き手が存在するという条件が揃った場合に、音楽は初めて「内容的にも」存在できるということになります（聴き手＝演奏者という場合も含みます）。

　音楽にはこのように、言葉では記述し難い「神秘的」あるいは「神的」とさえもいえる性質、つまり「物質による現象」が「人間の内面の感情や思考に深く影響を及ぼすことができる」という、特徴的な性質があります。このことを、音楽による「奇跡」または「魔法」といってもいいのではないでしょうか。古代以来の多くの哲学者、賢者たちがこの現象について考察し、記述しています。今からおよそ2000年前、古代ローマの哲学者であるクヴィンティリアンが記した次の言葉が当を得ています。「音楽は神性から切り離せないものである。」

## （2）音楽における「形」と「イメージ」

　音楽における「形」——つまり「音楽的な形象」「イメージ」は、他の芸術にはない、ユニークなものです。それは現実の「物」「実体」といった対象を直接反映したものではなく、またデザインのような「形」として感覚に快・不快といった刺激を与えるだけにとどまるものでもありません。音楽は、人間的な深い感情や、経験の記憶、また「生き方」という姿

勢など、ある人（作曲家）の個人的な内面世界・内的宇宙を内容として持つことができるものなのです。入れ物としての外形は物理的な現象である「振動エネルギー」つまり「音」という物質界の構成物でありながら、内容としては人間的な「感情の状態」や、人間の深い内面の「在り方」を、形やイメージとして伝えることができる——このような特性は、唯一音楽だけが持っているのです。

　さらに、この「音楽の形象」は、多面的・多元的な性質も持っています。複数の人たちが同じ時空間の中で同一の楽曲（同じ「音楽的な形」）を聴いたとしても、その音楽は聴き手の各々に異なった様々なイメージや感情、思考などをもたらします。作曲家によって創作された楽曲の中には、人類全てに通じる普遍的な感情や価値が込められていますが、それが聴き手側の内的世界の在り方により、様々な違った意味を持って捉えられるからです。天才的な作曲家たちの作品には、深く、そして多層から成る意味が含まれており、それらに向き合う個々人は、それぞれの経験や内的世界に響き合うものをその音楽の中に見出すのです。

　例えば、コンサートでピアニストが演奏しているベートーヴェンのピアノソナタ第14番「月光」を、複数の聴衆が同じ場所で同時に聴いているとします。その場にいる全員が同じ条件で同じ音楽を聴いていたとしても、各々の人の性格や感受性、人生経験の違いなどにより、一人ひとりが全く異なるイメージを連想するでしょう。また、演奏された音楽から「受け取るもの」も、その演奏に対しての「反応」も、聴いた人それぞれに固有のものとなります。例えば、音楽を聴いたことによって様々な感情を体験する人、色や香りを連想する人、あるいはその瞬間にある特定の情景が目の前に広がったかのように感じる人もいます。このように、音楽の「イメージ」は、聴く人の性格や人生経験、思考によって「創られるもの」なのです。

## （3）音楽的なイントネーション

　音楽の形を作っている様々な要素の中でも最も重要な一つについて、こ

こでお話しておかなければなりません。それは音楽的な「イントネーション（音調）」です。

　「音楽的なイントネーション」とは何か？　これも実例を聞けばよく分かるものの、それを言葉で説明しようとすると非常に難しいものの一つです。分かりやすい記述を試みると、時間的に前後に繋がった二つかそれ以上の複数の音の間の「表情を含んだ音楽的な繋がりの在り方」といえるでしょうか。音楽学の研究においては「知性あるいは思慮を備えた音、または音の流れ」（B. ヤヴォルスキー、B. アサフィエフを参照）という定義もあります。いずれにしても、発音・トーン・抑揚などの組み合わさったものであり、メロディーやフレーズを作るための要素となるものです。

　「音楽におけるイントネーションの「表情」や表現のあり方は、言葉を話すときの自然な感情表現である「抑揚・音調」と非常に密接な繋がりを持っています。この抑揚は、他の生物などとは異なった、人間に特有なものです。

　ピアノを弾くとき、ピアニストは感情や思考内容を、「発音」や「抑揚の付け方」によって語ろうとします。それは言葉で話すときと本来は同じ方法なのです。人が言葉で話すとき、たとえ同じ言葉を使ったとしても、発音や抑揚の付け方、すなわち「歌い方」のバリエーションによって、内容と共に感情的な面も表現しています。つまり、これが音楽的なイントネーションの基なのです。しかし、ピアノのような器楽音楽には、話し言葉のような「語」はありません。したがって、器楽音楽においては、イントネーションのみを「音による言語」という「言葉」として使うことによって、意味内容をも「語る」ことになるのです。

　さらに楽曲の中でのイントネーションの「在り方」は、時間の流れの中で、ある一定の原則に従ってより厳密に規定・構成されます。一面では作曲家の「内容をいかに表現したいか」という「芸術的な要求」により、もう一面では「個々の民族の国民性・民族的性格」により定まってくる、抑揚の「ある種の法則性」によっても規定されていきます。

　ところで、一般的に「ピアノの構造は打楽器的である」といわれる理由は、ピアノにおける発音が「内部のハンマーで弦を打つことでなされる」

からです。そのため、こうした構造を持つ楽器であるピアノから「いかにしてイントネーションを創り出すことができるか」ということが、全てのピアニストにとって最も重要かつ難しい課題になるのです。これは、繊細な音色や豊かな表情をもって歌うことが求められるモーツァルト、シューベルト、ショパンなどの作品を演奏するためには殊に重要になります。

　しかし、ピアノのメソッドについて書かれた本など多くの文献において、音質についてはよく述べられていますが、イントネーションについては残念ながらほとんど触れられていないようです。しかし周知のように、独立した「一音」のみでは、たとえそれがいかに質の良いものであったとしても、音楽における「言葉」として意味をなすことはできません。二つ以上の音の間における抑揚、音調といった、表情を表す「イントネーション」こそが、音楽におけるフレーズの形と、その文意を表す基礎なのです。音楽的な抑揚と発音の仕方いかんによって、深い意味を持つ音楽の文意を表すメロディーを「表出する」「創る」ことができるのです。この「深く美しい音質と、洗練された発音・イントネーションによってフレーズを創る」ことは、ピアニストにとって非常に複雑で難しい課題であり、また特に重要な「音に関するピアノのテクニック」と深く関わっている領域でもあります。このことについて、多くの著名な音楽家、作曲家たちが思索し、論じてきました。

　例えば、ショパンは「音楽は我々人間の自然言語であり、その表現の可能性は無限である」と語り、音楽と人間の自然な「話し言葉」との間の類似を指摘しています。このような音楽と言葉の関連への理解から、彼は必然的に、ピアノ演奏における「洗練された繊細なイントネーションや発音」「句読点にあたるような記号や文節（フレーズ）」といったものの重要性に非常な注意を払っていたのです。

　ショパンはこの問題について次のように端的に述べています。「ただ一つの単語では言語にはならないように、ただ一つの抽象的な音だけでは音楽にはならない」

## 2　楽譜について

### （1）楽譜から作曲家のメッセージを読み取る

　「楽曲」とは、音楽が現実世界に存在するための一つの方法、あり方で、あるアイディアを「複写」「再生」するために、ある一定の形に定められた「存在物」です。この「楽曲」が、現実の時間と空間の中で「実在する音」として演奏されると、私たちが聴くことができる「音楽」になります。

　「楽譜」とは、その「楽曲」が記録された媒体です。これにはアーティキュレーション・強弱記号・Strich（運弓法）・スラー（フレーズ）など、様々なシンボル・記号の組み合わせからなる無数の音楽記号が記録されています。楽譜は作曲家から演奏者への、ある種の「メッセージ」であり「手紙」のようなものだといえます。すなわち「作曲家のアイディア」を、様々な音楽記号によって「ある形」の中に規定・固定し、その音楽的情報を「送り届ける」ための媒体となっているものが「楽譜」なのです。言い換えると、これは音楽を再現・表示するための一種の情報システムであり、同時に特殊な「言語」の一種だということになります。ピアニストは、これを「解読」し、その内容を「理解」しなければなりません。そのうえで、作曲家から受け取った感情と考えを、次に聴衆に「演奏」を通して「渡して」いくことになるのです。つまり、楽譜は「音楽そのもの」ではありません。楽譜というものは、音楽的アイディアの「情報」を、物質的に固定して保管するための「入れ物」にすぎないのです。アーティストから聴衆に、作曲家の作品の内容である「音楽」を「伝える」ためには、「演奏」こそが、独自の感情や思考をも込め「音楽を表現する」唯一の手段だということになります。

　しかし仮に演奏者が、楽曲を衝動的でエネルギッシュに、混乱した生の「感情のみ」を使って表現しようとするなら、ハイレベルな演奏というも

のにはなりません。たとえそのピアニストが、非常に高いクオリティの演奏技術やテクニックを備えていたとしてもです。なぜなら、それだけでは知的な面の理解にも基づいた「高度な解釈による演奏」とはならないからです。ですから演奏者には、演奏をロジカルに、知性的に「正しく」創りあげるという側面も必要なのです。そのために重要なのは、作曲家が意図した「音による造形」——「楽曲のもとのアイディア」「そこから構想として成り、デザインとして成り立ったもの」「建築的な構造をも持つに至った、作曲家の企画の結果」を理解することです。そして、音楽の中での音や感情を、この「音による造形」にぴったりと沿うものにし、実際の演奏に繋げていくことです。

　「楽譜から作曲家のメッセージを読み取る」というテーマにおいては、言語学、記号論、意味論といった学問の手法を使った新しい研究もありますが、この種の研究は「音楽言語」についてもなされ始めており、音楽の「言語」とその「意味」（隠喩としての）を理解するための分析をしようとしている学者たちも存在します。意味論は、情報を伝える媒体である信号・記号・図などの意味に関する研究であり、記号論は、それらの機能や構造を研究するものです。音楽言語においては、楽譜＝「あらゆる記号とその組み合わせ」が媒体となって伝えている「固定された情報」から、もとの「生きた音楽」を読み解き理解しようとする研究です。

## （2）音楽の言語としての楽譜

　いかなる人間も、日常生活での用途から、科学・哲学・文学・芸術（音楽も含む）といった高度な内容に至るあらゆるレベルで、コード化された情報（記号・シグナル・シンボル）を使っています。その目的は、人々が社会的・文化的な現象・活動に関わる中で、他の人間に向けて「メッセージを伝える」ことです。音楽のテキスト＝楽譜は、作曲家の思考・アイディアや感情を、独自の言語により固定し記述した「記号のシステム」であり、同時に「他の人間へのアピール・メッセージ」でもあります。この、一種の「手紙」に書かれている「言語」（音楽の情報が固定されたもの）を、演

奏者は「解読」「理解」し、作曲者によって書かれた内容と同一の演奏に結びつく解釈をするように努めなければなりません。

　言語には、自然に発生し発展した「各国の言葉」のようなものもあれば、科学・数学・物理、化学などの言語のように、それぞれの領域で使用される「人工的に作られた言語」もあります。芸術領域の言語——バレエや演劇、絵画、音楽などで使われている「言語」も、この「人工的な言語」に属します。つまり、音楽の言語である「作曲家が書いた楽譜を演奏家が解釈することを可能にする共通言語」も、この中に含まれるのです。ですから、作曲家のアイディアと感情を音楽作品から解釈するためには、音楽の言語・スタイル・構成の「規則」に関する知識が必要なのです。このように楽譜というものは、演奏家が作曲家の「アイディア」「企画」「プロジェクト」を表現するための基盤となるものです。ですから、演奏家は各自の知識や経験と才能に応じて、作曲家が書いた楽譜をできる限りよく「理解する」よう努力しなければなりません。

　この、作曲家による楽譜を理解するという目的のためには「良い」校訂のなされた版が大きな助けになります。良い「版」の楽譜を選択することは、楽曲の理解のためには非常に大事なのです。例えば、世界の各地に「その地で好んで使われている」校訂版の楽譜があります。それは、その土地で有力なある特定の「学派」（ピアノスクール）で伝統的に使われてきた版を「正しいもの」として教師から生徒へ伝えていく傾向があるからです。しかし残念ながら、それが必ずしも最も良い版ではない例も多いのです。生徒の側に様々な版の違いについての知識がなく、教師から勧められた版を全く疑問なしに盲目的に信用し、使用しているといった側面もあります。このようなケースは、私の教育経験において、かなり頻繁に見受けられました。

　楽曲のテキスト、楽譜の校訂に関する問題について、本書ではごく初歩的・基本的な、いくつかの版の比較・分析に留めていますが、良い版を選ぶための考え方として参考にしてください。

## （3）エディションについて

　西洋音楽に共通する音楽言語は、五線譜として楽譜に書き表されています。50 年以上にわたる教育活動の経験から、私は全ての版と校訂について、おおよそいくつかのグループに分けることができるだろうという結論を持つに至りました。ピアノ譜のエディションは、大きく三つのタイプに分けられます。

## ①エディションのタイプ
### A　著名なピアニストによる校訂版
　偉大なピアニストたちによる校訂版です。このタイプのエディションは、作曲家が書いた楽譜のテキストに、高名なピアニストがアーティキュレーション・強弱記号・運弓法（Strich、独）・指使い・ペダルなどの訂正・変更・追加を施したものです。これは校訂を行ったピアニストの個人的な解釈と、その時代の嗜好に合った演奏スタイルに即した校訂がなされている版で、そのピアニストの大きな手・指と、非常に卓越したユニークなテクニックをもってならば「弾きやすい」指使いが書かれています。このグループに属するエディションには、ブゾーニ版のバッハ・コルトー版のショパン・シュナーベル版のベートーヴェンなどが挙げられます。

### B　教育者が校訂した校訂版
　教育者による校訂版で、彼らの、作曲家のテキストへの独自の理解を示しているものです。彼らの解釈により、しばしば作曲家の「偉大な」あるいは「天才的な」ともいえる考えに基づくテキストの指使いやペダルなどが、追加・変更されています。しかしながら、この種の変更は、十分に検討し尽くされているとはいえない場合も多いという実情があります。
　校訂者には、スタイルやテキストの論理的な構成と、内容への深く広範囲にわたった知識が必要とされます。しかし、それが各校訂者により様々な度合いで満たされていたり、欠けていたりします。そのため、この種の

エディションでは指使いやペダルを含めた「校訂者による」記号や訂正点について、非常に注意深く見ていくことが必要になります。例としてはバッハのツェルニー版や、B. ムッジェリーニ版、また他にも様々な教育者によるハイドン、モーツァルト、ベートーヴェン、シューベルト、ショパンなどの校訂版があります。（これらの版の中には、特定の国、例えばドイツだけ、フランスだけ、日本だけ、ロシアだけなどでよく知られているというものもあります。）

## C　原典版

　このグループは、校訂者がより注意深い考慮とプロフェッショナルな態度によって、作曲家のテキストに取り組んでいるエディションの一群です。これらの版は、作曲家のオリジナルなスタイルと音楽的アイディアに基づいたテキストを保っています。

　校訂者は「歴史的な文脈の中」での「その楽曲が作曲された背景」と「作曲家の人生」の「どの時期」に、どのような「感情」や「思考」を持って作られた曲なのかをも考察し、正確に伝えようと努めています。また、その作曲家に特有な記号（アーティキュレーション、強弱、ペダル、フィンガリングなど）の使い方を生かすようになど、様々な側面から尽力され、研究された版です。テキストに指使いを書き加える場合には、特定の手の動きに関わる身体的な面にも注意を払ってなされています。

　私の見解では「最良のエディション」とは、このようにプロフェッショナルな調査、学術的な研究に基づいているもの——テキストの書き方を決定する際、作曲家が書いたその楽曲の「全ての他のバージョン」を参照のうえ、言及されている版です。この種のエディションでは、校訂者のコメントや示唆は作曲家による原典（Urtext）を変更することなく、別に註解として書かれています。

　このタイプのエディションの中からいくつかの例を挙げてみます。よく知られており、また好んで使われているものの中で推奨できる良いものは、ワルシャワのショパン研究所によるショパン作品全集（パデレフスキー版）や、ヘンレ出版のベートーヴェン作品（原典版 Urtext）などです。

これらのよく知られたエディションの他にも、それほど知名度がないか、現在では手に入りにくくなってしまったものの中に、プロフェッショナルなレベルで非常に興味深い研究がなされている版があるので、紹介しておきたいと思います。ロシアでは、モスクワ音楽大学の著名な教授であったA. ゴールデンヴァイザーの校訂になるベートーヴェンの 32 のソナタ集の原典版があります（国立音楽出版、モスクワ 1963）。これは非常に良い版です。

　また、文献学的に非常に良い版として、C. A. マーティンセンによるベートーヴェン作品（Edition Peters, Leipzig）や、W. Altmann によるベートーヴェンのピアノ協奏曲全曲（Staatlicher Musikverlag）も推薦できます。また、ほとんど知られていませんが、Edition Henry Lemoine（Paris）の原典版によるベートーヴェンピアノソナタ全曲集やショパンのプレリュード集も、プロフェッショナルなコメントが非常に興味深い版として挙げておきたいと思います。

　さて、それぞれのタイプのエディションについてもう少し述べてみましょう。

　A のタイプでは、偉大なアーティストが独自のテキストの見方や理解の仕方により、作曲家のアイディアに基づいたテキストを、時には「変更する」つまり「書き換える」という行為をしています。しかしながら「より正しい」「より優れた」書き換えとはならず、もとのテキストを歪めた（作曲家のアイディアから離れてしまった）ものにしてしまっている場合があります。また、その他にもう一つ問題があります。楽譜を使うピアノ教師や学生には「その楽譜のどの部分が作曲家自身によるもので、どの部分が校訂者によって変更されたものなのか」の区別がつかないということです。この理由から、どこが原典の部分で、どこが校訂の部分なのかを把握していない人がこのタイプのエディションを使う場合には、原典版を参照するなど、細心の注意をもって臨むことが必要になります。

　B のタイプのエディションでは、校訂者の多くは十分に優れた音楽家や教育者です。しかし、この種の版の中には作曲家のスタイルや、その楽曲における作曲家のアイディアに対する真に深い理解が欠けているケースが

見られます。それは例えば、その作曲家特有のフレージング、アーティキュレーション、ペダリングなどです。このタイプの校訂者は、それぞれの理解とプロフェッショナルなレベルの程度に応じ、ペダルなどのもとのテキストの訂正を試みています。しかしもとのアイディアに合致していない解釈になっている場合があるので、使用にはやはり十分な注意を要します。

　Cのタイプのエディションでは、校訂者は楽曲の真髄と「作曲家のテキストの記号（アーティキュレーション、ペダル、強弱、指使いなど）を正確に理解しようと努めています。そして原典を書き換えるのではなく「書き方」を改善し、また必要に応じて補助を施しています。楽譜を読むピアノ教師や生徒の理解が、作曲家の意図やアイディア、そして感情の奥底まで到達するように、読み手の認識が楽曲の真髄に繋がるように配慮がなされているのです。

　いかなるエディションにおいても、音楽のテキストは二つの要素に分けられるというのが私の見解です。主となる第一の要素は、作曲家の音楽的プラン・アイディアそのものと、それに属する様々な記号（強弱、ペダル、アーティキュレーションなど）です。そしてもう一方の要素は指使いです。これは楽曲の音楽的内容を「ピアノで演奏する」ために、楽器の上での手と指、体の動きをいかに上手くスムーズにこなせるかという問題の解決を目指すもので、身体的・技術的な側面にのみ属する要素です。

　作曲家の書いたテキストの全ての要素（強弱、ペダル、アーティキュレーション etc.）が校訂の対象になります。そのため校訂の全般についてこの章で網羅することはできませんが、ここで演奏者が知っておくべき非常に重要なことを、お伝えしておきたいと思います。それは何かというと「作曲家の書いた音楽のテキストの部分は本来変更してはならない。それに対して、指使いには様々な違った工夫が可能」だということです。この理由から、一つのエディションが二人の校訂者によって編集されている場合があります。このタイプの版では、テキスト部分をその領域の専門家が校訂し、指使いについてはピアノ演奏について熟知した人が担当しています。

　例を挙げてみると、ウィーン原典版 /Universal Edition のハイドン「ピ

アノソナタ全集」では、テキストの校訂を C. Landon、指使いを O. Jonas がそれぞれ担当しています。その他ヘンレ版のバッハ「インヴェンションとシンフォニア」では、テキストの校訂を R. Steglich、指使いを H. M. Theopold が受け持っています。いずれもプロフェッショナルに作られたエディションで、教師や学生に推薦できるものです。

## ② フィンガリングについて
### A　校訂者のフィンガリング

　楽譜に記載されたフィンガリングは、あるピアニストや学生には使える場合もありますが、弾きやすいとは言い難いケースもかなり多くあります。例えば、類い稀なテクニックを持つような偉大なピアニストが書いた運指です。これは、すでにヴィルトゥオーザ的なテクニックを身に付けていて、完全に自由に思いどおりの演奏ができるような身体条件を持ち合わせたピアニストにとっては大変興味深いものです。しかし一方で、手が小さいなど、身体的な条件が異なるピアニストや、まだヴィルトゥオーゾのようなテクニックを身に付けていない段階のピアノ学習者にとっては、適合しないために弾きにくい場合もあります。

　また、作曲者自身がオリジナル譜に記載した指使いであっても、必ずしも多くの演奏者に適しているとはいえません。リストやラフマニノフなど特別に大きな手を持った作曲者と同じ運指をするには、彼らと同じような骨格や筋肉を持っている必要があります。しかし、彼らの筋骨格は特殊なものであったので、同一のフィンガリングを適用できるピアニストはごく僅かだからです。

　コメント付きの Urtext の楽譜の中には、エディターが加筆した運指が書かれています。前の章で述べたように、テキスト（校訂）とフィンガリング（指使い）を同じ人が担当するケースは少なく、大抵は別の人が担当しています。テキストの校訂をする人の多くは音楽学を専門とする学者で、フィンガリングを担当する人の多くはコンサートピアニストです。

　楽譜に記述されている内容の内「音楽の部分」全ては、作曲者によって書かれた楽曲のアイディアやイメージの記述です。フィンガリングは、作

曲者が創った音楽（フレーズラインなどの全て）を「どうしたら現実の音にできるのか」という観点から、演奏するピアニストの「指のテクニック」のために書かれているものです。しかし現実的には、ピアニストの身体は人それぞれ異なり、手の大きさや指の長さだけでなく、柔軟性やプロポーションのバランスも含め、かなりの個人差があります。このような背景から「演奏するピアニスト本人が」「作曲者によって創造された音楽を現実のものにするために」本人自身の手や身体の特徴に合わせて変更を加えた方が良い場合もあります。

　様々な校訂のクオリティについて考察するにあたり、ここでは一例として、ショパンの作品の場合における音楽のテキストの校訂を見てみましょう。フランス・ドイツ・ロシア・日本・ポーランドなどの、あらゆる国から出ている版を比較してみます。一般にもよく知られているとおりですが、ワルシャワのF.ショパン研究所による版——いわゆる「パデレフスキー版（当時の所長であった高名なピアニストによる）」は、最も優れた研究のなされたエディションの一つです。なぜならこの版は、ショパンのオリジナルの「音楽のテキスト」をできる限り再現するように努めて出版されたものだからです。そのために、ポーランドの数々の優秀な音楽学者たちが多年を費やし、ショパン自身による異なるバージョンのテキスト全てを比較研究しています。そして、あるバージョンでは欠けている箇所も、他の資料がある場合はショパン自身の使った記号や指示を使って修復しています。それにも関わらず、このような最良のエディションを使ったとしても、教師や学生は常に「自身の知識と経験」に頼らねばなりません。なぜなら、当のショパンはしばしば細かい所まで強弱・指使い・ペダルなどの記号を書き込んではいなかったからです。良き教師ならば、指使いなどの様々な細かい点の問題について自身の判断で決定することができます。あるいは一つの校訂版を選び、そこで推奨されている指使いなどを踏襲するという方法を取ることもあります。

　校訂の良くない例としては、ショパンなどの作品の様々な校訂版で、手の生理的な条件に合わないもの、ピアニストにとって非常に弾きにくいフィンガリングがなされているものが挙げられます。校訂者によるフィ

ンガリングでよく見られるケースは、手のポジション移動の際に親指を
くぐらせる動きでの、生理的な状況の連関が考慮されていないというもの
です。これはピアニスト側から見ると、ある箇所を非常に速く（Presto や
Prestissimo で）ブリリアントに、かつ不要なアクセントが付いてしまうこ
となしに、ひと息の流れで弾きたい場合、決定的な問題になるのです。加
えてもう一つの問題は、印刷されたフィンガリングのうち、どの部分が作
曲家によるもので、どの部分が校訂者によるものなのかが必ずしも明瞭に
されていないということです。

　フィンガリングに限らず、校訂者によるペダルの記述においても、音楽
のテキストと照らし合わせると、その要求するものとペダルの提案の意図
が合致しておらず、ロジックでないという例が見られます。また、特にペ
ダルの使い方が複雑になりそうな「ペダリングの判断が難しい箇所に限っ
てペダル記号が全く書き込まれていない」という、困った例もよくあり
ます。同様の状況はショパン作品の楽譜に限らず、ハイドン、モーツァル
ト、ベートーヴェン、シューベルト、シューマンなどの校訂版にも見受け
られます。

　ピアニストが楽譜を読む際は、まず Urtext を注意深く読み取り、エ
ディターによるコメントに目を通します。そして、書かれている内容を考
察し「参考にするべき内容かどうか」を都度判断することが不可欠です。
指使いを決めるに際しては、前述のように「作曲家のスタイルやフレージ
ング」以外にも「演奏者の手と指の構造や大きさ」について考慮すること
が大事であるというのが私の見解です。

## B　ポリフォニー音楽の場合

　バッハの作品の場合には、別の理由により解釈の難しさが増していま
す。なぜなら周知のように、バッハは基本的に強弱などの記号や指使いを
書き残していないからです。当時のヨーロッパにおける多声音楽の時代
には、プロの音楽家は「音楽における語法の共通のルール」の教育を受
け、身に付けていました。彼らは、音符によるテキストから「アーティ
キュレーション」や、そこから引き出せる「指使い」などの基本的なモデ

ルをも理解することができたのです。このような理由から、当時の音楽家
は「楽譜に細かく記号を書き込む必要がなかった」ので、参考にできる資
料が残っていません。そのため、バッハなどの楽曲でふさわしいアーティ
キュレーションや指使いを決めるにあたっては、当時の音楽語法について
の知識と経験のある、優れた教師から学ぶしか方法はありません。

　逆にいうと、当時のポリフォニー音楽の語法のルールについての知識を
持っている音楽家同士ならば、どこの、どの時代の者でも「このような
楽譜をどう読み、解釈するのか」という基本的なモデルを共有すること
ができるのです。バッハやポリフォニー作品の解釈・演奏法については、
多くのプロフェッショナルな研究がされています（例として A. シュヴァイ
ツァー「バッハ」など）。ちなみに、このようなポリフォニーによる書法の
伝統を受け継ぐものとしては、D. ショスタコーヴィチや R. シチェドリン
の「24 のプレリュードとフーガ」などの例があります（記号の使用は最低
限に留められています）。

## C　手の条件に合わせたフィンガリングの創造

　いかに弾きやすく、その場で求められる目的に有用な指使いを見つける
か、ということは、ピアニストにとって常に重要な問題です。

　指導の場において、多くのピアノ教師が「その土地で伝統的に使われて
きた、よく知られたエディション」を使い、そこにすでに印刷されている
指使いを「そのまま踏襲する」という傾向が見られます。もちろん、そ
れがそのまま当てはまるような生徒も中にはいます。しかしながら「その
フィンガリングでは弾きにくい」または「表現が上手くいかない」という
ピアニスト・学生もかなりの頻度でいるものです。殊に、そのフィンガリ
ングを施したのが著名なピアニストで、身体全体および手と指の構造にお
いて最大限の可能性に恵まれており、非常にユニークかつヴィルトゥオー
ゾ的なテクニックを有している場合には、注意を要します。リスト、ブ
ゾーニ、シュナーベル、コルトーがフィンガリングを書いている場合など
がこのケースに該当します。なぜなら、そういった偉大なピアニストたち
は、どんなに標準から離れた「いかなる指の組み合わせ・順序」でも、完

全に自由自在に演奏することができてしまうからです。これは非常に興味深い現象ではあります。しかし、こうしたフィンガリングを使うことによって、基準より大きい手や卓越したヴィルトゥオーゾ的テクニックを有していない一般的な学生が、基本的なテクニックの範囲で自在に、楽に弾けるかというと、それは不可能であるだけではなく、むしろ弾きにくく、逆にテクニックの問題を引き起こす結果になりかねないのです。(例：A. シュナーベルによるベートーヴェン、K. Klindworth によるショパンのフィンガリングなど)

　仮に、V. ホロヴィッツ、A. ルービンシュタイン、S. ラフマニノフなどの偉大なピアニストがフィンガリングの校訂をしたとすると、標準的な中程度の大きさの手や指を持ったピアニストが彼らの指使いで演奏するのは、やはり不可能であるはずです（ラフマニノフやルービンシュタインなどは、片手で 10 度やそれ以上の音程間の広がりを楽に弾けるような非常に大きい手と、長く伸長の利く指を持っていました）。

　また、独自のテクニックを極めたユニークなピアニスト、例えばバッハに唯一無二の境地を築いたグレン・グールドが仮にバッハのフィンガリングを校訂したとすると、それは間違いなく非常にオリジナルで興味深いものになると予想できます。しかし、標準的な手とテクニックによって演奏している一般的な学生などには、非常に弾きにくいものとなるでしょう。

　「ベートーヴェン：ピアノ・ソナタ全集」の校訂版を出した、高名なピアニストであるシュナーベルが次のように述べています。

　　「非常に興味深いことだが、リスト・ショパン・ブラームス・ドビュッシー・ラフマニノフなど、作曲家であると同時に卓越したピアニストでもあった多くの人たち、個々のピアニストの手と指の特有な構造に即した指使いの難しい問題について熟知していたはずである彼らの多くが、非常に稀にしか、あるいは基本的には全く楽譜上に指使いの指示を書き記していない。なぜなら彼らは、プロフェッショナルなピアニストやピアノ教師は、個々にとって最も弾きやすく、理にかなった指使いを各自が決めるべきだと考えていたからである」

　このように、フィンガリングの問題については、その都度、教師が生徒と共に、個々の手と指の条件と照らし合わせて決めていくべきなのです。なぜなら校訂者によるフィンガリングは、概ね標準的な手の大きさや形を想定して書かれているので、全ての人にとって正解とは限らないからです。また、指使いを決めるにあたっての原則として、その楽曲特有のフレージング、イントネーションの流れなどにも注意を払うべきです。フィンガリングを決めるにあたって第一の基本となることは、ピアノを弾く場合の手・手首・指などの筋肉の動きに関わる生理学的な法則を理解することです。ここから手・指・体全体などの、最も自然で楽な、自在な動き方と、それを「いかにフレーズに適用するか」ということを導き出すことができます。

　もし楽譜に記載されている指使いが、あるタイプの演奏者にとって弾きにくいという場合には、ピアニスト自身、あるいは教師の判断で演奏者の手に合うように変更することができます。例えばリスト、ブゾーニ、プロコフィエフや、また時にはショパンによる「ある種のフィンガリング」は、小さな手で演奏するにはもちろん不向きです。演奏者の手指がさほど大きく（長く）ない、または本当に「小さい（短い）」場合は、個々の身体条件で演奏可能な指使いに調整するというのが定石です。フィンガリングは難しい課題であり、また多くの問題を内包しています。

　しかし教師としての私にとって、この問題を解決することは非常に興味深く、また楽しみでもあります。なぜなら、これは個々の演奏者が直面する難しいケースに対応する「具体的な解決法」を見出さなければならないという「スタンダードではない、クリエイティブな課題」であるからです。時に「非常に」あるいは「極度に」小さい手、短い指、また柔軟さや自在な動きが阻まれている手首などに出会うこともあります。そのため、過去には全く想像したこともないような指使いを開発しなければならない状況に遭遇する場面もあります。いずれにしてもフィンガリングの基本は、その演奏者の身体条件にとって最も無理がなく、シンプルで自然な動作を可能とするものを目指すべきです。

　一方で、偉大な作曲家兼ピアニストたち（リスト、ラフマニノフなど）が

考案し、書き記したフィンガリングを読み解き、理解することは重要であり、また有用です。なぜなら、それらは頻繁にメロディーラインの動きやフレージングのパターン、ひいてはその作曲家のタイプや音楽家としての度量をも示しており、その作曲家が曲の中で目指している「アイディア」を理解する助けにもなるからです。

　ただし、私からの実際的なアドヴァイスをもう一度強調させていただきますが、校訂者によるフィンガリングが演奏者の手の大きさや構造に合わず弾きにくい場合は、変更することを躊躇(ちゅうちょ)するべきではありません。もちろん、このような変更は、ピアノ教師またはピアニスト自身が、身体構造と動きの法則、そして実際的なピアノ演奏のテクニックについて熟知しており、演奏者本人の手にとって最適なフィンガリングに書き換える方法を理解している場合にのみ有用であるといえます。

## D　日本人の特性とフィンガリング

　私は日本人の生徒からよく、例えばリストのエチュードや、ラフマニノフ、スクリャービン、ラヴェルなどの作品（時にはショパンやドビュッシーなどの作曲家なども）を弾くのが非常に困難であるとか、または全く演奏不可能だというような訴えを受けてきました。その理由は彼らが「小さい」あるいは「非常に小さい」手や短い指を持っているからです。しかし彼らが実は同時に「非常に深い感情性と結びついた音楽的な才能」を持っている場合もあります。このようなケースでは、私は日本人に特有な「手指の柔軟性」と「それを器用に動かせる能力」を使い、個別に特別な指使いを見出すように努めています。このような特別なフィンガリングを使うことにより、彼らはしばしば難しい箇所を楽に弾けるようになり、さらにはブリリアントに演奏できるようにもなるのです。このような成果は、生徒を直接個別にレッスンする中でのみ、もたらすことができるものです。

　私の今までのピアノ教育の実地経験から、非常に小さい手で普通ならば演奏不可能という箇所でも、もしその生徒が十分に柔軟な筋肉と素早い動きを備えている場合には「十分楽に演奏できる、使えるフィンガリング」を見つけ出すことも可能であるということが分かってきました。このよう

な小さい手を持った生徒が日本人である場合には、私独自の手技を使って身体に働きかけ、指や手のひら、手首などの伸張性、可動性を広げ、スタンダードではない、その手に可能な特殊なフィンガリングを作るというやり方をとっています。これは日本人に生来備わっている「筋肉と腱の際立った柔軟性と弾力性」を利用し、手首や手指に働きかけることで、指と手が1〜2cm長く（大きく）なったかのように使えるようにするというメソッドです。しかし、これは他の国々——例えばヨーロッパでは必ずしも大きな効果を出せるものではありません。なぜかというと、ヨーロッパ人は概して生来より堅硬な筋肉と腱を持っており、そこまでの柔軟性・弾力性を持ち合わせていないからです。また彼らは残念ながら、日本人ほど顕著な「心理・身体」一体系としての、非常に繊細な、また時には非常に深い感情とも結びついた身体反応を持ち合わせてはいません。このような差を、身体と感情の結びつきにおける「才能」と呼ぶこともできるでしょう。これは日本人に見られる生得の、非常に特別で民族的な心理——生理的基盤であるともいえます。

　一方で、残念ながら上記の「手を拡張する」特別なメソッドを使っても、「和音のテクニック」の基本的な変革には必ずしも繋がらず、助けにならない場合もあります。それは、手が小さいピアニストには物理的に不可能な、幅の広い音域内の複数音を同時に打鍵するような「大きい」和音の連続したパッセージなどです。このような例は、ブラームス、ラフマニノフ、プロコフィエフ、スクリャービン、ストラヴィンスキーなどの作品によく見られます。このケースでは、ピアニストが十分に「器用な」手と洗練されたテクニックを持っていれば、和音を非常に素早いアルペッジョにし、最高音にごく微細なアクセントを付け、この音を左手の和音あるいはバス音と同時に合わせるように演奏することができる場合があります。

＊この章で述べたような、手技を使って生徒の手の可動性を変化させるメソッドは私が独自に開発したものですが、長年にわたり私の教育を受けて助手としても指導にあたっている石井久美子、永木早知の両人は、このメソッドも身に付けており、それを必要とする方に適用して演奏の向上を助けることができます。

# 第 2 章

# メソッドとピアノ指導法のタイプ

# 1　ピアノメソッドの目的

「メソッド」「ピアノ奏法」と名付けられたものは数多くあり、少なくともその数と同じだけの指導法が存在しています。こうしたメソッドはなぜ必要なのでしょうか。ピアノ演奏に必要なテクニックは、身体の動作によるものです。ピアノ奏法について根本から考えるために、まずこの「動作」というものから見ていきたいと思います。

　私たちは普段特に意識することなく歩いたり座ったりし、また話したり歌ったり、そのために声を出したりもしています。このような日常的な「動作」のための、身体全体の、また顔や喉などの様々な「筋肉の機能」は「自然（ネイチャー）」によって私たち人間に与えられたものです。歩く、走る、何かをつかむというような日常生活に必要な動作は、誰でも成長に従ってできるようになる「自然な機能」なのです。例えば「ボールをキャッチする」という動作では、つかもうと「思う」だけで、手や指を「無意識に使って」それを実行することができます。このような動作は、人間に「遺伝的に」組み込まれた、本能的な「精神運動」の自然な作用であり、意識して「考える」ことや知能による「分析」などはせずに行えるものなのです。このことを逆側から見ると、ある種の「反応」のような非常に素早い動作が必要になるとき、それを瞬間的に知性で分析しながら行うというようなことは不可能である（それでは間に合わない）ということです。つまり、人間は普段の生活の中で、様々な筋肉の組み合わせによる複雑なあらゆる動きを「考える」ことなしに行っているのです。
　ところで、ピアノ演奏のために必要な手や指の動作はどうでしょうか。ピアノという楽器は人間が発明したものですから、その演奏に必要な「様々な筋肉の複雑な組み合わせによる特殊な動作」は自然であれ神であれ、想定に入れてはいなかったでしょう。ピアノ演奏のための「本能的な動作」「精神運動的な機能」というものは、人間に生まれつき備わっては

いないのです。

　ですから「ピアノの演奏」をするには、そのために必要な動作のやり方、つまり指や手や、また体全体のあらゆる部位における筋肉や腱の「特殊な組み合わせとその動かし方」を「教師から習う」ことが必要になるのです。また教師はこの動作を生徒に「教え」ねばならないのです。さらに、この「動作」が演奏のための本当に卓越した「ヴィルトゥオーゾ・テクニック」として働くためには、身体全体が、あたかも日常の動作のときと同じように自然な状態にあり、そして非常に自由に動ける必要があります。最終的にはこの動作が、まるで第二の本能によるかのように自然に、確実に「思ったとおりに」働くようになれば理想的であるわけです。そのために、ピアノ演奏法＝メソッドが研究されてきたのです。


# 2　ピアノメソッドの様々な側面


　世界中で出版されている「ピアノ音楽に関する文献」の中には、ピアノメソッドに関するものが非常に多くあります。著名なアーティストや教育者による、ピアノの演奏と教育のメソッドに関わる本などを含め、その多くは良質で興味深く、また役立つものです。しかし、この多くの出版物の中には内容が重複しているものもあれば、互いに相反しているようなものもあります。また、日本を含む各国の音楽大学や音楽院には、ピアノメソッドについて学ぶ多くの必須プログラムやコースがあり、主要なものについてはよく知られていることと思います。このような状況を踏まえて、ピアノメソッドに関する文献や教育プログラムの中でも頻繁に記述されているものと重複する内容については、本書の中ではあえて取り上げておりません。

　ピアノ教授法の歴史の中の各時代において、多くの専門家たちが教育的かつ理論的な観点から「ピアニストが最少の時間で最大の結果を得て成功するのに役立つ」科学的で十分に根拠がある教授方法を見つけ出そうとし

てきました。その歴史を通じ、ピアノ教育における「客観的な法則」と「正しいメソッド」——これを使えばピアニストの誰もが高い水準の「技術的および芸術的な面での成果」を得られるという「黄金の法則」を発見しようとする試みがなされてきたのです。

　しかし、それらの「試み」の成果を実際に有用に使えるかどうかというと、実はそれほど単純なことではないのです。これらの多種多様なメソッドの、それぞれの目的と実践上の意味は互いに異なっています。それを見極めずに、あるメソッドを違う目的のために適用しようとすると、全く意味をなさなくなるだけでなく、目的とは逆の結果に至る可能性さえあるのです。もしも、ピアノを演奏するための「精神運動的な動きのプロセス」の法則性を適切に反映している、ピアニスティックな「正しい」メソッドが本当に存在しているのであれば、そのごく一部だけを使ってみたとしても、ピアニストにとって実際に有用な成果をもたらすはずでしょう。しかし、実際にはあまりにも多くのメソッドの、あまりにも多くの提案があふれているにも関わらず、予期されるはずの効果は出ていません。時には全く正反対の結果をもたらしていることもあります。中でも、メソッドを指導に使う場合の最も悲しむべき結果は、教師がある特定のメソッドを狂信的に取り入れ、生徒を原則主義的にそれに従わせるようなやり方をしたときに現れます。そのような方法は、教師と生徒の間のオープンで自由な関係性を含む、アーティスティックでクリエイティブな教育課程を硬直させ、その共同の仕事である芸術的創造の可能性を殺してしまうことになるでしょう。

　例えば、19世紀以来のヨーロッパ（主にドイツ）の伝統的なピアノ教育のいくつかの流派は、指による奏法を規定するもので、独立した「指のみ」を使って、しかも硬いアクセントを付けて弾くことを厳しく命じ、何時間もの機械的なハードな練習によって純粋に技術的に「指」を発達させることを主目的としたものでした。

　もちろん、ここでは楽曲の音楽的な内容や哲学的な意味については考えられておらず、この側面はこのようなメソッドの一部として含まれてはいなかったのです。このようなタイプのメソッドや、それ「のみ」を推奨す

る指導法は全て、ピアニストに非常に良くない惨めな結果をもたらします。このタイプのメソッドが機械的であればあるほど、またそれを教条主義的に実行すればするほど、ピアニストは手、前腕、上腕、肩、首、背中やその他の部位の大きな痛みを起こし、深刻な職業病にかかる危険が高まります。

　お定まりの結果として、このタイプのメソッドの過度な実行はピアニストに対して慢性的な不調、生涯にわたる苦痛をもたらすことになり、場合によっては、全くピアノ演奏ができなくなってしまうということもあるのです。ピアニストの歴史の中で、このようなケースは多数存在し、シューマン、スクリャービン、ティマーキン、そして他にも多くのピアニストたちに、このような事例が見られます。

　ところで、世界のピアノ教育の流派の中には、これとは全く逆方向のもの——総じていわば「心理によるテクニック」派、とでも名付けられるような一群もあります。これは、ピアノ演奏で主となるのは「内なる音楽を聴くこと」や「音楽の形などアイディア」であり「テクニックはそれほど重要ではない」という流派です。このグループ——いわゆる「心理＝テクニック」派は「音に対する感覚や音楽的なインスピレーションなどを磨いてさえいればよい」という考えに基づいています。高い水準の技術的な熟達などは重要ではなく、そこに大きな意味はないという考えかたなのです。それで、このタイプの"流派"の弟子たちは、音楽的なアイディアだけに集中し、ピアノ演奏の技術を身に付ける必要性を無視する傾向がありました。その結果、彼らは演奏の際にミスをしたり、止まったり、跳躍の際に音を外す……などの深刻な問題を呈することになります。このようなことになるのは当然ながら「ピアノ演奏に必要な技術的な基礎を作ってこなかったから」（Nilssen, Scharoev）です。

　しかし一体「テクニックのためのハードな指導・訓練のシステム」と「創造的なインスピレーション」「芸術的本能の衝動」とでは、どちらがより優れた、必要不可欠な要素なのでしょうか？　そう、もちろんこのように白か黒かというような二者択一的な考え方は正しくないのです。なぜなら、ピアニストの教育とはあらゆる面を抱合した多面的、総合的なものだ

からです。殊に、もしもこの両面のうちの一方だけを採用し、別の面の教育課程をそれに反するものとして退けてしまうと、学生やピアニストの将来に対して取り返しがつかないほどの大きな損害を与えてしまうことになります。ですから、クリエイティブ、アーティスティックな面の指導と同時に、テクニック面の指導として、ピアノ演奏のための最高のクオリティの基礎を築いていく必要があるのです。無論、ここでいう「指導」が「プロフェッショナルな水準である」ということが、何をおいても欠かせない最も重要な条件であるのは、いうまでもありません。


# 3　様々なタイプの生徒たち


　私は今まで 50 年以上にわたり、世界の異なった大陸上の多数の国々で、専門教育としてのピアノ指導を行ってきています。その経験の中で、音楽的に大きな才能や個性があり、深く音楽を理解し、非常に興味深い芸術的な想像力を持ちながらも、プロフェッショナルな観点から見ると非常に良くないピアノ教育を受けてきた、様々な年齢層の生徒と遭遇する場面が多々ありました。彼らは芸術的な想像力を持ち、深く音楽を理解していましたが、技術的な問題——打鍵の際の「押す」弾き方、身体の硬直、また腕や手の痛みなどの様々な問題を抱えている人がいました。このようなピアニストたちは音楽的な才能を持ちながらも、ピアノ演奏を通してその才能を開花させることができていなかったのです。なぜなら、彼らは音楽的なアイディアや音楽のイメージを音として現実化するための「技術的な可能性」——つまり生理的な面での「ピアノ演奏の基礎」を持っていなかったからです。

　一方で、優れたプロフェッショナルなピアノ教育を受け、技術的に「でき上がっている」ピアニストたちも多く存在しています。彼らは現にコンサートで十分「成功」といえる演奏をし、技術的な問題はありません。ミスもなく、演奏に無理もなく、自由さと自信も十分に持っています。しか

し、音楽的才能と個性に欠けてしまっています。そのため、演奏を聴く人
は「大変良くできている」「全て正しい」けれども「退屈だな」と感じて
しまいます。多彩で鮮やかな印象や深い感情が伝わってこない、面白いア
イディアや哲学がなく「作曲家そのもの」のスタイルが感じられない——
そのような演奏では、聴く人の心を動かすほどの影響力はないからです。
このようなコンサートが終わった後、聴衆は全く平静で、興奮するような
ことはなく、何事も起こらなかったような平常な心理状態にとどまりま
す。なぜなら、演奏にミスはなく、全てが「正解」的ではあっても、聴き
手の感情に深く働きかけ、心を動かすようなものではなかったからです。

　こうしてみると、一方では実は大きな才能と深い感性を持っているかも
しれないのに、不幸にしてプロフェッショナルな面で非常に良くない教育
を受けてしまったために「独自の芸術的な能力を発揮できていないピアニ
スト」がいます。また他方では全く違ったタイプの、創造的な能力はごく
僅<sub>わず</sub>かしか持ち合わせていないけれども、高度なレベルのプロフェッショナ
ル教育を受け「必要な技術は身に付けたというピアニスト」もいる、とい
うことができます。しかし、これは両極を示しただけで、もちろん豊かな
内容なしにピアノ音楽が「完成した」ということはあり得ません！

　たしかにテクニック面の才芸というものは、コンサートが始まった時点
では聴衆に強い印象を与え、それが予期を超えたものであるほど大きな驚
嘆や賞賛を呼び起こします。しかし、このような影響力は長続きするもの
ではありません。初めの驚きに慣れた聴衆は間もなく、このアーティスト
の精神的な内面世界が空っぽであることを感じ取ります。そして「本当は
面白いアイディアや深い思考、繊細な感覚にあふれたアーティストとその
演奏が聴きたいのに」という欠乏を感じてしまうからです。

　ところで教育の現場では、指導した教師はプロフェッショナルであり、
教わる側の学生も大変優れた能力がある割に「なぜか成果がほとんど出な
い」という状況が頻繁に起こっています。また時には「最初に目指したも
のとは真逆の結果に行き着いてしまう」というようなケースもあります。
その教師は良い指導者であり、そして最良の成果を出せるように努め、生
徒の側でも最善を尽くしたのに、良い結果が出ないのです。このような

ケースは、いわゆる「ヨーロッパの」標準的なメソッド（ヨーロッパ人の標準的な身体つきや、そのパーツ（指、腕など）の構造を前提としたメソッド）がそのような標準から外れた身体条件では機能しない場合に、日本を含め、世界中のあらゆる国で（標準に適合しない人の場合にはヨーロッパでも）しばしば見受けられます。このことが意味するのは、そのタイプのメソッドが生理面での原則として推奨している事柄（例えばピアノに向かって座ったときの体勢、手の置き方や手首の位置、動きのパターンなど、他にも多数挙げられます）は、西洋人の標準に該当しない身体条件（非常に小柄な人、あるいはとても長身な人、手が小さい、腕がとても短い、手首の関節が細い、指と指の間の伸縮性が非常に少ない、手の広がり具合など）を持つ学生やピアニストには適しておらず、決して使いやすいものではないということです。このことから論理的に導き出される帰結は、このタイプの才能ある生徒には、個々の条件に合わせた、「特注の」メソッド、その人だけに特別に適用した指導方法を用いる必要があるということです。


# 4　コンサートピアニストの教育

　ここで、コンサートピアニストの教育に関する問題の中で、中心となる非常に重要な一つの点に触れておきたいと思います。

　最高水準の「素晴らしい」コンサートピアニストを育成するには、高いレベルのプロフェッショナルなテクニックや聡明な理解力、判断力などといった、様々な要素の教育が必要になります。その中でも最も重要なのが、ピアニストの「芸術性」という、コンサートのステージ上での演奏で「聴衆の心を捉え、惹きつける」能力を身に付けることです。これは、ある「心理的側面の発達」に関する教育で、舞台上で演奏するときに、演奏者の深い感情の動きが何ものにも妨げられることなく完全に自由自在であり、抑制なしに大胆・直截な表現が可能になることを目指すものです。このような、真に深い感情による自由で大胆な表現力によってはじめて、聴

衆の感覚・感情や思考にまで強く働きかけることができるからです。このような「聴衆への強い影響力」は、アーティストの「個性」あるいは「カリスマ」とも呼ばれています。こうした能力は、世界的に成功している第一級のピアニストたちが皆、備えているものです。もし、あるピアニストが強い個性・カリスマ性を持っていたら、彼はその演奏で聴衆を捉え、聴衆は彼の演奏とその世界に引き込まれます。

　このような能力を身に付けるということは、コンサートピアニスト教育において、教師と生徒の両方にとって最も重要な課題です。この課題の領域と方向性は、生徒の「人格的な個性」「芸術性」「演奏におけるある種の大胆さ」「心理的な解放」「ステージの上で彼自身の個性を表現できる能力」──などを伸ばしていく、ということです。これはピアノの教育の中でも「アーティスト教育」の究極のレベルに属する最も複雑な領域です。ここには芸術教育の全ての面、例えば「プロフェッショナルな技術」「芸術的な表現力」などが含まれますが、その中でも素晴らしいピアニストを育て上げるための決め手となるのが「ピアニストの個性」という、「聴衆の心を捉える」「聴衆を動かす、沸き立たせる」力によってコンサートで成功を収めることを可能にする要素なのです。

　ここで一言触れておきたいことがあります。それは、あらゆる人間は──子供であれ大人であれ──、それぞれに異なった側面での価値や水準においてではありますが、少なくともある極少の「神的なエネルギー」を生まれながらに授かっているということです。ロシアの文化においては伝統的に、このようなエネルギー、自然に備わった「才能」を「神の火花」と呼びならわしています。この「力」あるいは「才能」という、ひいては聴衆の心を捉え、聴衆が聴き入ることになる「エネルギー」の「芽」を見出し、その成長・発展を注意深く助けていくということが、全ての教師の務めなのです。

　「アーティスト」としてのピアニストの教育は、もし生徒が才能に恵まれているのであれば、何歳からでも始めることができますが、むしろ幼児期から始めた方がより良いのです。特に才能に恵まれた生徒の場合、スタンダードな教育課程に沿った一般的な指導方法にこだわる必要はありませ

ん。その生徒の才能の方向性と成長のスピードに合わせ、更なる発達を促すような「特別な指導のプログラム」を個別に作ったり、レパートリーを選んだりすることが望まないといえます。このような、才能ある生徒に特別な指導プログラムを使うやり方は、例えばロシアにおいては、私自身も長年指導していたモスクワやサンクト・ペテルブルクの音楽院に附属した「特別音楽学校」ではよく知られ、また実践されています。このようなタイプのプログラムやメソッド、システムは、必要な条件が揃っていれば、どこの国であっても遂行することはできます。もし指導者や音楽教育機関に意欲があり、十分にプロフェッショナルな水準の知識を持ち、そしてこのような困難な仕事にはもちろん必要になる「大きな忍耐力」があれば、そしてまた、もちろん生徒の側にも必要とされる音楽的な能力があるならば、実現は可能なのです。

　一つだけここで触れておきたいことがあります。このような教育の道、つまり生徒の個性的な人格や彼だけに特有の能力、さらには「カリスマ」「才能」というものを育て伸ばしていく、という道を進むには、教師の側に求められることがあるのです。それは、教師自身が自分自身の個性を確立し、同時に「自分とは別の個性の心理を理解する」能力を備えていること、そして何よりも、ピアニストを教育するという仕事と、様々な個性を持った生徒に対する「愛」を持っているということです。

第 3 章

# ピアノ演奏テクニックについての考察

# 1　テクニックとは

　リズムとイントネーションを伴った音の集まりから成っている「音楽」とは何かについて、この本の中ですでに考察してきました。この「音楽」の内容である、作曲家が楽曲の中に込めた「音楽的なアイディア」を、ピアノという楽器を使って実際に「表現」する、つまり「音として体現させる」には、そのための「道具」である身体を「自在に使える」ということが必要になります。

　どんなに素晴らしい音楽のイメージを心の中に持っていたとしても、肉体を有効に使えるテクニックがなければ、それを演奏に反映・表現することはできません。逆にどんなに素晴らしい「身体面での」テクニックを持っていたとしても、音楽を感じ、深く理解する美的感覚や洞察力に乏しければ、芸術として魅力のある演奏はできません。ですからピアノを演奏する人は、深いイントネーションを伴った「アーティスティックな表現」を実現できる「身体的なテクニック」を身に付けることが必要なのです。これを言い換えると、様々な表情を持って歌い、語るという音楽表現ができる「身体を作る」ことが必要だということです。「アイディアの身体による表現」である「ピアノ演奏」という複雑なアクションにおいては「アートとテクニックを分けること」は不可能であり、またあり得ないからです。「テクニックの最終目的」は、音楽のイメージを「心に思い描いたとおりに」指や手があたかも「自動的に（意識による特別な意図・努力なしに）」表現する、つまり「フィジカルに実行できるようになる」能力を目指す、ということなのです。私はこれを「アーティスティックなテクニック」と名付けたいと思います。

　現在、世界には今までにないほど多くの優れたヴィルトゥオーゾ・ピアニストが存在しています。しかし一方で、真に深く魂に触れる体験をさせてくれるような音楽家を聴くことができるのは、残念ながら非常に稀ではないでしょうか。指も非常に速く回り、また和音の連続や、素早い跳躍な

どの難しい箇所を確実にノーミスで演奏できても、可能な限り速いテンポでの「スピード感のある演奏」を目的とはき違え、深いイントネーションや音楽的な表現に乏しい、というピアニストも残念ながら見受けられます。しかし、ただ機械的に速くて「正確」というだけでは、音楽にはほど遠いのです。演奏技術とは本来「音楽を表現するためのもの」なのですから、テクニックを音楽と切り離して考えることはできないはずです。「最初にフィジカルなテクニック面だけを取り上げた機械的な練習」をして運動能力を上げ、音楽的な表現を「後から付け足す」というような順序付けは意味を成さず、アーティスティックな良い結果をもたらすことはできないということです。

　このような「アーティスティックなテクニック」の方法の理解と取得は、当然ながら指導者から直接「手から手に伝える」教育を受けることによってのみ可能なのであり、文章だけで伝えられる内容には限りがあります。もちろん、ピアノ演奏の「テクニック」には数多くの種類があり、それぞれの重要さに優先順位をつけることはできません。しかし、ピアノ演奏法についての書籍はすでに多数出版されており、本書の読者の方々の多くはすでに、一般的なピアノテクニックについての文献を色々と読んでいらっしゃることと思います。そのため、ここでは他の書物などと重複するような内容についてはできる限り割愛し、「アーティスティックなテクニック」を身に付けるための「基本的な考え方」を中心にお伝えすることにしたいと思います。

# 2　「身体のパート」と「全身」の相互作用

　ピアノを演奏するとき、もしもピアニストの身体のどこにも動きを固定するような箇所がなく「自由な」「解放された」状態で、どの部位にもエネルギーの流れを遮断するものがなければ、全身の筋肉は「相互に作用し合う」ことができるため、演奏中の複雑で自在な動作が可能になり、表現

の自由度が限りなく広がります。さらには全身に「エネルギーの流れ」が一斉に循環しはじめて、より大きく深い表現が可能となります。このような状態において、アーティストの深い内面からの、芸術表現のもととなる精神的エネルギー、つまり「スピリット」あるいは「才能」「カリスマ」と呼ばれるような「力」の表出が可能になるのです。前章で述べたように、聴衆を前にした「コンサートでの演奏」において、ピアニストにとって最も重要なのは、この「芸術性」「才能の表出」という、聴衆の心を捉え、引き入れる力です。これはコンサートピアニストにとって必須な「プロフェッショナルな能力」であり、才能の芽をプロフェッショナルに教育することによって発達させることができるのです。

## （1）演奏時の全身の筋肉のコネクションとエネルギーの循環

　ピアニストにとって身体とは、ピアノを演奏するときに音楽的アイディアを「楽器に伝える」ための重要な「道具」となるものです。ここでは、優れた演奏表現のために必要な「アーティスティックなテクニック」において、ピアニストが「身体全体をどのように使ったらよいか」を考える助けになるような、基本的なポイントをお伝えしていきます。

　人間の身体の中には「筋肉のシステム」があり、それは身体全体に行きわたり繋がっていて、生体力学の法則に従って「全体で一つ」として機能しています。この「全体」をもう少し詳しく見ていくと、内部にある沢山の、異なるタイプの「より小さなシステム」に分けることができます。それらの「小さなシステム」同士、またはそのコンビネーションが相互に作用し合うことで、全身の「エネルギー」が「一つのもの」として働くことができるのです。

　例えば、手、指、脚、首、顔、その他などの、身体の中のより小さな部位の筋肉の「動作のための機能」のシステムと、それらの間の「相互作用」が働くことによって「身体全体で一つのシステム」を成しています。それは水が全体の容量の中で対流し合う、あるいは電気システムの中を電流が流れていく、というような仕組みに例えることができます。手指や胴体な

ど「どこか特定の小さなパート」だけが独立して働いている状態では、流れが繋がりません。「身体がピアノ演奏にふさわしく機能している状態」というのは、手の指、手のひら、手首、上腕、前腕、肘、頭部、首、上腹部、下腹部、背中、太腿、ふくらはぎ、膝(ひざ)、足首、足（足の裏・足の指なども）など、身体の全ての独立したパートが互いに相互作用を持ちながら「全体で一つ」として働き、それら全てが「連動した動き」を形成している状態、つまり「演奏する」という身体運動のために、全身の全てのシステムが同時に、適切に機能している状態を指すのです。

　さらに、「指」という一つの部分を取り出してみると、ここでは三つの部分が関節により一つに繋がっています。首や胸椎、腰椎なども、順番に積みあがった骨を関節が繋いでいるという構造をしています。そしてさらには、それぞれの骨や関節を包んで動かしている筋肉があります。私たちが演奏するときは、これらの全ての関節と筋肉がグループのように働きます。このように身体全体のそれぞれの「筋骨格系統」が連動して働くのと同時に、身体の内側ではエネルギーが循環します。その「エネルギーの循環」が、演奏するときに内面の深いところから起こってくる感情や様々な色彩を表現するための、非常に重要な鍵となるのです。

　ここで私たちの日常生活の中のシンプルな行動を観察してみましょう。今、読者の方は椅子に座ってこの本を読んでいらっしゃるでしょうか。今、座っている方は立ち上がってみてください。立ち上がる瞬間、足の裏、足首、ふくらはぎ、太腿、腹部、腰、背中、首、頭部など、身体のあちこちのパートが同時に働いて「立つ」という一つの動作をいとも簡単に、自然に行っていることが分かると思います。もう一度、座ってみましょう。決して単純に、立ち上がるときの動作の逆回しなどではなく、座るためには、またその目的に合わせて身体の様々なパートが相互作用を持ち「座る」という動作をしています。今度は歩いてみましょう。歩行の動作の際も、脚だけが独立して動くわけではありません。「歩き出す」瞬間よりも先に、臀部(でんぶ)や腰、背中、肩、腕などが「歩くための動作」を「自然に始めて」いて、片足を踏み出すのと同時に、もう片方の足は蹴り出す動作もしています。このように、立ち上がる、椅子に腰かける、歩く、ものを

握る、ジャンプする、声を出す、話す、といった単純な動作でさえ、私たちは無意識のうちに身体のあらゆるパートを連動させて使っています。そう、人間は日常において、毎日の生活に必要不可欠で複雑な、複数の身体の動きを「無意識に」「深く考えずに」行っているのです。なぜなら、これらは生理的に「自然な」動きとして人間が生まれ持ったものであるからです。私たち人間は健康であれば誰でも（上手か下手かは別として）踊ることができます。声質に違いはあっても歌うことができます。しかし、ピアノという楽器は自然の産物ではなく、人間が創造したものです。指、手、腕などの筋肉のうち、ピアノを弾くための特定の筋肉の「動かし方」を、生まれつき授かっている人は誰ひとりとしていません。私たちに生まれつき備わった手や身体の機能である、ものを握る、持ち上げる、といった生活を営むための動作は、主に「大きな」筋肉（マクロマッスルズ）を使ったものです。ピアノを演奏するときにはマクロマッスルズ、ミドルマッスルズ、ミクロマッスルズを同時に使いますが、演奏時に重要な働きをする手首から指先にかけての筋肉は、主に「ミクロマッスルズ（微細筋肉）」です。これらは日常生活で使う大きな筋肉とは異なる性質・機能を持っています。言い換えると、日常生活ではほぼ使うことがない小さな筋肉＝眠ったままであることが圧倒的に多い筋肉が、ピアノ演奏においては最も重要な役割を担っているのです。このような、「機能の仕方を知らない」（本能に組み込まれてはいないため）微細筋肉を、目的によって異なる「必要となる動作」のために「適合させ」「発動させて」使う、という身体機能の「創造」が、ピアノ演奏のテクニックでは必要になるのです。

　「ピアノを弾く」という動作は、実はとても複雑な動きです。指が一本一本独立して鍵盤をタッチすることや、手のひら、手首や腕、肩を演奏に適した状態で正しい方向に使うことが重要だというのは周知のとおりでしょう。しかし、演奏中に働いているのは肩から指先の「パート」だけではありません。頭部を支える首の状態、ペダルを使う右足と、身体を支える左足、それぞれの足の指や足裏、足首、ふくらはぎや太腿まで含めた各パート、腰、背中など、身体の全ての部位が相互作用を持つ必要があります。これらが連動して働くことで全身にエネルギーが満ちることができ、

そのエネルギーが指先に流れ、「ピアノを弾く」という一つの動きが成り立つのです。

　しかも「ピアノを弾く」という動きのパターンは、たった数種類のものではありません。音階、旋律、跳躍、和音、オクターヴ、アルペッジオなど「様々な音型」や、軽やかに弾くパッセージなのか、ゆっくり歌わせるように弾くのか、また強弱は？　といった「速度や音量」の違い。そして温かな柔らかい音、あるいはクリスタルのように冷たく硬質な音、というように「音色や音質」も弾き分けなくてはなりません。その他にも「ヴィルトゥオーゾ」「ブリリアント」などの表現や、メロディーと伴奏で異なるタッチを使う、ポリフォニーでそれぞれの声部を多彩な音色で弾き分けるなど、楽曲の中で要求される演奏表現は多種多様です。ですから、その時々の必要に応じて「全身の各パートを一つのグループとして機能的に連動させて使うこと」が、プロフェッショナルなピアニストには常に求められるのです。ここには作曲家のスタイルや時代様式によって異なる表現をする技術ももちろん含まれます。まず鍵盤にタッチする指先を感じること、そして、腕・手・指・脚（またそれらの一節ごとの各部分）などの身体の「全てのパート」が自由に解放され、弾力性をもって動作するように根本的な体の使い方をマスターしていくこと——それが様々に異なる多彩な音色、アーティキュレーションの弾き分けといった、多種多様な演奏の可能性を創り出すことのできる高度な「アーティスティックなテクニック」に繋がるのです。例えば、それぞれが独り立ちの表現ができるほどに独立した「指先」は、全ての技法に欠かせない基礎となる「パート」です。指先のタッチをマスターすることは、両手が交差するようなヴィルトゥオーゾ的なピアノ演奏テクニックや「オーケストラの様々な楽器の音色」をピアノで表現すること、ポリフォニーを見事に弾くなどの高度な技法にも繋がっていくのです。

## （2）身体のポジションについての考え方

　まず、ピアノを演奏するのにふさわしい（丁度良い・快適な）ポジションに身体を位置付けることができるように、椅子に座ります。椅子の高さやピアノとの距離、手のポジションは、個々の演奏者の体格や筋骨格の柔軟性を考慮し、身体全体の各パートを柔軟に、しなやかに使えるように設定します。演奏時のポジションを決めるときに注意すべき点はいくつかあります。エネルギーが身体から肩、腕、手首、そして指先へと自然に流れ、それを鍵盤に伝えやすいこと。跳躍や速いパッセージなど、演奏上必要なテクニックに応じて身体を移動させやすく、手や指のポジションを瞬時に変えられること。そして首、肩、背中、腰、腕、手首、指、脚など、全身の全てのパートが自然な繋がりをもって一つのグループとしてラクに動作することができ、弾きやすいことです。

　椅子の高さや鍵盤との距離を決める際の目安は、鍵盤に指を置いた際に肩から、肘、手首、指先までのラインが緩やかに下降し、腕の重さを指先に伝えやすいこと、また手首は高すぎず低すぎず、柔軟に動かしやすい自然な角度を保てるかどうかということです。例えば、指が短い人や開きにくい人の場合は少々高めのポジションにした方が弾きやすい場合もあります。また、手の大きさや指の長さだけでなく、個人のプロポーションのバランスや身体の柔軟性によっても弾きやすいポジションは異なります。演奏する本人にとって弾きやすいポジションについては、何通りかのパターンを試しながら選択する必要があります。椅子が高すぎて前のめりの姿勢になる、逆に低すぎて肘や手首の位置が鍵盤よりも低くなってしまったり、演奏時に肩が上がってしまったりすることのないように注意してください。腕を柔軟に動かしやすいように、身体と鍵盤との距離を十分に取ることも重要です。身体と鍵盤との距離が近すぎると「身体の正面に近い位置の鍵盤」をタッチする際にボディに腕が密着して肘が固くなってしまうなど、肩から指までの一連の自在な動きを妨げることに繋がり、演奏に支障を及ぼす原因になります。

　左足は体全体の支えの基盤のメインになりますので、しっかりと足を地につけます。右足は、通常ペダルに乗せて常に準備している方がよいですが、一ヶ所くらいしかペダルを使わないような曲の場合にはすぐに踏める位置に踵を設置するというやり方も可能です。この基盤がしっかりしていないと上体のバランスが不安定になるため、肩や背中などが緊張して固くなってしまいます。そうなると、肩から先、手指の動きにまで悪影響を及ぼすだけでなく、さらにはペダルを踏む際の足の動きが固くなってしまう原因にもなります。座ったときに臀部は椅子の上で左右への体重の移動ができ、同時にそこから上の部分は柔軟に動ける状態にあることや、その他の身体のどの部分もこわばらず、また窮屈に感じるところがなく、動きやすい状態であることを必ず確認します。床につけた足〜椅子に接する臀部を通って上体へ、そこから腕、指先へと繋がるラインを自然に感じられることも大切です。

　ピアノは、長い歴史の中で西洋音楽を演奏するための楽器として発展してきました。第2章でも述べたように、世に広く使われている、西洋人の標準的な体格（身体の構造やプロポーション）を基準としたメソッドでは、それにふさわしい椅子の高さや座ったときの鍵盤との距離が推奨されています。

　しかし実際には、多くの人たちのプロポーションは個性的で、個人差があります。また、外観上のプロポーションだけでなく、筋肉や関節の柔軟性も一人ひとり異なります。特に日本人の場合、小柄で手が小さい方、手足が短めの方、筋肉や関節が繊細で柔らかい傾向の方が多くいらっしゃいます。前述のいわゆる「西洋人の標準」からある程度外れた身体条件を持つ人が「標準体型向きの」ポジションで演奏した場合、身体に無理がかかり硬直しやすくなります。その「硬直」が身体全体のパワーの循環を妨げ、結果的に演奏に支障をきたすことに繋がってしまうのです。

　生まれながらの個性的な身体特徴には、あらゆるバリエーションの組み合わせがあります。例えば手が小さい人や小柄で腕が短い人、筋肉や関節の性質が固すぎる、あるいは柔らかすぎる人は、その一点だけでも演奏に苦労する場合があります。それだけでなく「小柄で手が小さいが腕だけが

長め」「長身で座高が高いが腕が短め」それに加え関節が固すぎる（柔らかすぎる）などのように、標準的なプロポーションと異なる要素が複数重なる人の場合は、手や脚の長さのいずれか一方に合わせてポジションを決めてしまうと腕を使いにくくなります。そうなってしまうと演奏時にバランスをとりにくいため、身体のどこかに偏った負担がかかってしまう原因にもなります。また、同じ身長であっても個々の身体の柔軟性により可動域が異なり、筋肉が持つセンサーの働きにも個人差があります。このように、外観上は似通った体格のタイプに見える人のケースでも、最適な椅子の高さや鍵盤との距離の取り方は個人によって全く異なるパターンを採用することがしばしば必要となります。

　演奏時の鍵盤上における手や指のポジションについても、各人の手の構造（ストラクチャー）に応じた判断が常に必要です。なぜなら、手の大きさや指の長さだけでなく、5本の指の長さのバランスも人それぞれに異なるものだからです。一例を挙げますと、第3指だけが長く第1指は短いなど、指によって長さの違いが大きい人は、短い指が届きやすいことだけを考えてポジションを決めた場合に、長い指が鍵盤の蓋にぶつかりそうなくらいに窮屈になってしまうようなケースがあります。このように、手の条件は人によって異なりますので、ここに全てのケースを挙げることはできません。また、同じ骨格の人であっても、音型によって、また使うテクニックの種類によっても、その場そのときの演奏に適したポジションは常に異なるものになります。

　様々な音型のためのポジションとテクニックを身に付けるためのエチュードは数多く考案されていますが、その中の一例として Clementi-Tausig による Gradus ad Parnassum の 29 曲から成る練習曲集を挙げることができます。これは一見、ツェルニーのよく知られた練習曲集などと似たシンプルな印象があります。しかし同じ音型でも組合せや移り変わりなどを考慮に入れてより複雑なポジションの適用の仕方を手に学ばせることができ、高度なヴィルトゥオーゾ・テクニックの基礎を作るために有用なものです。ただし、いくら素晴らしいエチュードを使ったとしても、目的や方法を理解しないままでやみくもに「何らかの」動作を繰り返すとい

う「練習」では何の結果も得られないばかりか、せっかく長時間を費やした練習がかえって逆効果に繋がってしまいます。どの目的のためには「どういった練習曲を使ったら効果があるのか」をはっきり理解している教師が、その「意味」と「具体的な練習方法」を生徒に明確に説明したり実際に示したりすることが非常に重要なのです。

## （3）演奏時に身体が固くなる現象：原因と対策

　身体の中の「独立した各パート」それぞれを「ひとまとまりのグループ」として関連付けて使い演奏するには、それぞれのパートが自由にしなやかに動き続けることが必要です。そのために必要不可欠な条件があります。 それは、演奏時に筋肉や関節の余計なこわばりや緊張が起こらないようにすることです。演奏時に身体が固くなりやすい人は、その固さが動作を妨げる原因になるため、技術的な問題や身体の故障に繋がりやすい傾向があります。それなら脱力さえすればよいのではないか、と考える方も中にはいらっしゃいます。しかし「音楽的なエネルギーが全身を循環し、指先に伝えられる状態」——つまり演奏に不要な力が入っていない状態と「単純に脱力をした状態」とは、実は全く異なるものなのです。もちろん「演奏の妨げになるような余計な力を抜くこと」は大切ですが、鍵盤にタッチする瞬間には必ず方向性のある力が働き、筋肉は一時的に収縮します。タッチとタッチの間の動きの中で、筋肉は収縮と弛緩を繰り返し行っています。そもそも、言葉どおりの「完全な脱力」をしていたら、座ることもピアノを演奏することもできません。「脱力」——すなわち完全に力を抜いたまま演奏することはあり得ないのですが、意味（感覚）を取り違えてしまうと危険です。なぜなら完全に力を抜いた状態では、肩から指先までのエネルギーの連続、循環が絶たれてしまうからです。 演奏に必要なパワーの循環を無視して「単純に力を抜いてしまう」と、演奏に必要な全身のコネクション、循環が損なわれ、関節の動きは悪くなり、そのことがかえって筋肉のこわばりにも繋がるため、余計に弾きにくい状況を作ってしまうのです。つまり「身体が柔らかすぎる状態に比例して、演奏に必

要な柔軟性が損なわれ、本来なら滑らかに動くはずの手首が固定され、固くなってしまう」という悪循環が起きやすくなるのです。このような、意図に反した手首の固定によって引き起こされる技術的な問題点を例としていくつか挙げてみます。指が速く動かない、跳躍したときにミスタッチしやすい、音量のコントロールができない、音質が硬くなる、手が開きにくい、レガート、分散和音、アルペッジオやオクターヴが苦手、その他にも様々な問題が出てきます。これは肉体に緊張、こわばりが生じたことが原因で「意図したように指や手首、身体を使えない」という状態が発生しているということなので、当然あらゆる場面で問題が起こってしまうのです。

　さらにもう一つ、日本人に多く見られる特段の理由としては、一般的な西洋人の持つ関節と比較すると「関節が柔らかくセンシティブである」ということが挙げられます。例えば日本人の中には、指を反対側の手で軽く引っ張って手の甲の側に反らせたときに「引っ張られた指の先が手首に触れそうになるくらいに反る方」がいらっしゃいます。実はこの動作は、関節がしっかりとした多くの西洋人には不可能なものです。このように、特に関節が柔らかいタイプの人の場合、鍵盤の上にラクに手を置くだけでは支える力が足りないという傾向があります。すると手首が下に落ち、鍵盤を押し下げただけでも指の関節が反ってしまい「ピアノを弾く動作には適さないフォーム」になりがちなのです。このタイプの人は、柔らかい関節を支えるために良質な筋肉（と、その組み合わせ）が必要です。また関節が柔らかく、さらに筋肉量も少ない人の場合、演奏時により一層の負担がかかりやすいといえるので、特に注意が必要です。そのままでは演奏にふさわしい位置にポジションをキープできないので、手首が落ちないように引き上げようとするせいで筋肉を緊張させたり関節が固くなったりし、余計に身体に負荷をかけてしまうケースが多く見受けられます。演奏者の身体上の特性も影響して発生しているような「技術的な問題」を解決せずに、無理な演奏を続けることは非常に危険です。こうした不自然な演奏法を原因とした腱鞘炎やばね指、関節の石灰化などの故障を起こしてしまう人や、さらにはその症状が一度は改善してもしばらくすると再発するとい

うような「負のサイクル」を長い年月の間に繰り返し、深刻な状態に陥ってしまう人も少なくありません。

　それでは、しっかりとしたタイプの骨格を持っている人は「余計な力を脱いて」いれば問題はないのか？　というと、それほど単純なことではありません。筋肉や関節のコンディションが良好であり、身体に負担がかかりにくい弾き方を身に付けている方も中にはいらっしゃいます。しかし骨格がしっかりとした人でも、微細筋肉の柔軟さが欠如している場合は筋肉が硬直しやすくなり、演奏テクニックに支障をきたしたり故障したりするケースがあります。演奏のために柔軟に身体を使うためのコントロールを学ぶことは、誰にとっても必要なのです。なぜなら、全身のコネクションとエネルギーの循環を適切に使える方法（演奏技術）を身に付けていない場合、楽曲に要求される表現をするのにふさわしいテクニックを手に入れることが妨げられてしまうからです。

　しかし、大半の一般的なピアノ演奏者は、このような全身の「一体としての繋がり」や「エネルギーの循環を感じ、使う」ということはできていないようです。あるいは身体の各部位の繋がりと相互作用、そこに流れるエネルギーの循環が重要だという考え方を、一度も耳にしたことがない方もいらっしゃいます。こうした概念がないため、様々な演奏表現の場面で「身体のどのポイントに意識を置いたらよいのかを理解すること」も難しく「身体の各部分を独立して感じ、目的に合わせて動作させる」ということができません。その結果、タッチを「指を動かす動作だけ」でしたり、逆に身体ごと押してしまったりするような、不合理な、また体にとっては良くない「テクニック」を身に付けてしまうようになるのです。

　ピアニストにとって、個人の身体の構造上の特性に配慮した訓練を積むという過程を経て「楽曲を表現するためのピアノ演奏」にふさわしい身体の機能と技術を身に付けるということは、全てに関わってくる、非常に大切なことです。身体の使いかたを変えれば「演奏に使える身体の機能」が向上します。それによって「表現のための演奏技術」を高めることが可能となるのです。

# 3 タッチ・打鍵テクニックの基本

## （1）タッチ・打鍵とは

　ピアノという楽器は、演奏者の扱い方に忠実に応えるもので、弾き手のアクションを常に鏡のように、「音」という現象の中に映し出します。ピアノは、打鍵するとハンマーが弦を打つことにより音が鳴るという構造をしています。この「打鍵した瞬間」に楽器から音が鳴り始めるわけですが、意図した「音」を出すためには、「打鍵の瞬間だけ」を切り取ったように意識するのでなく、打鍵する前からの、「打鍵に繋がる一連の動き」を適切に行う必要があります。

　演奏者が打鍵してピアノから音が鳴る瞬間は、弾き手の側から見ると「身体の延長線上にピアノがある」状態、ピアノの側から見ると「楽器の延長線上に人間の身体がある」状態です。言い換えると、「鍵盤に触れる指先が、演奏者とピアノ、そして目に見えない音までを繋いでいる」ということになります。打鍵の瞬間に演奏者の身体を循環した音楽的なエネルギーがピアノに伝わります。このエネルギーは、演奏者からピアノへ、常に流れているということが起こっています。またピアニストが鍵盤にタッチする前から打鍵の瞬間までの間にどのように身体や指先を使うのかによっても、ピアノという一台の楽器に様々な影響を与えることができ、何百通りもの異なる音色を創り出し、多彩な表現が可能になるのです。

　タッチ・打鍵の役割は、音楽的アイディアである「楽譜に描かれた音楽」から演奏者が読み取った「作曲家の意図した音楽的意味」を、楽器に伝えることです。この「伝達」のために鍵盤に接触する唯一の部分は指先であり、ここは同時にその「触覚」という神経の働きを使って楽器の反応を受け取る部分でもあります。ですから指先の鍵盤への深いタッチによる楽器との密接なコンタクトがなければ、その他の全てが良くても伝達は成

り立たないことになります。

## （2）基本の手のフォーム

　ここで、ピアノ演奏のテクニックに関して、誤解を避けていただきたい大事な点が一つあります。それは「各指が独立して機能できること」はより良い演奏のためにもちろん必要なのですが「指だけが手から独立して」弾くべきという意味ではなく、音楽の流れの中で、手・手首・腕……の最適な「繋がりの中で」働くべきなのだ、ということです。テクニックにおいて、例えばフォームについて考える場合にも、このことを前提として頭においてください。

　手を鍵盤に乗せたときの基本のフォームは、手のひらを内側から見たときに丸天井のような形になるように、第2指〜第4指が第三関節から第二関節、第一関節、指先へと緩いカーブをもって下降するようなアーチの形をしています。第5指は第2指〜第4指よりも短いため、比較的ストレートに近い角度になります。第1指は「握る」運動のときに他の第2指〜第5指と相対する向きに発達したので、手のひらの延長線上にある第2指〜第5指とは違い、手のひらから独立した動きができるようになっています。ピアノ演奏の場合、第2指〜第5指は主にその上下運動のみを使いますが、第1指は上下左右に動かせるので、手のひらに属している第2指〜第5指の「下をくぐる動き」ができます。この第1指の働きのお陰で、ピアニストは何オクターヴものスケールやアルベジオをレガートでスムーズに弾くことができるのです。手の構造上、第1指は手首から動かしますが、第3関節から上下に動かす第2指〜第5指と「同様なコンディションで」使えるようにする必要があります。関節を反対側に反らせたり真っ直ぐに伸ばしすぎたり、逆に不自然に曲げたりしないようにし、指や手首が柔軟に動けるようにコントロールします。第1指を使っているとき、第2指〜第5指も自由に動かしやすい状態（使っていない指が緊張したり固くなったりせずに解放されている状態）であることが大切です。第2指〜第5指での「指先」にあたる、第1指の「タッチ部分」は指の腹の外側寄りの

一部分が鍵盤にしっかりと乗って安定する位置で取るとうまくいきます。もし、爪の部分や、第1指を倒して側面部全体で打鍵したりすると、「指先でのタッチ」という機能が使えなくなり、あらゆるコントロールができなくなるので避けるようにします。また、手全体が傾かない安定したポジションを保つことが大事なので、上記のタッチポイントがこの点からも適切な場所に取れているかどうか確認するとよいでしょう。

ところで、指の長さのバランスは人によって異なります。長い第3指と短い第5指の長さの差が大きい人もいれば、大差ないという人もいます。また第1指も、長めの人もいれば極端に短い人もいます。個人の指の長さのバランスによって、最適な手のフォームや鍵盤上のポジションの取り方は当然微妙に変わります。フォーム、ポジションはテクニックに直結しているというだけではなく、テクニックそのものに組み込まれるものですので、各個人の身体条件に最適なポジションを見つける、作っていくということのできる教師による指導は非常に重要です。

さて、手のひらには縦ラインのアーチの他に横のラインのアーチもあり、この両方のアーチが上手くあいまって機能すると、手にかかる力を内側から支えることができます。すると不安定さを避けるために指を不必要に固めたりするような問題を防ぐことができ、また腕から手首を経由して流れてきたパワーや腕の重さをうまく指先に伝え、無理なく安定した打鍵ができるための助けになります。

「最適な手のフォーム、指の角度」は、個人の筋骨格の特性によって、また音型の組み合わせによっても、その時々で異なってきます。そして、同じ演奏者であっても演奏技術の習熟度によって「その時々の最適なフォーム」は変化する場合があります。例外として、打楽器的な表現、硬質な響きやドライな音質が楽曲から求められているときなどは、基本よりも指を立てる（アーチのカーブをきつくする）ことが必要な場合もあります。しかし、第一関節が直角になるほどに指を立てすぎる（関節を曲げすぎる）と多くの場合、指や手の筋がこわばりやすく、そのために豊かな響きや音質の繊細なコントロールや、イントネーションをもって歌うようなテクニックがうまくできなくなる傾向があります。外観上の指の角度を意識す

るだけでなく、演奏中の筋肉のこわばりを避け、引きつりのような反応も起こらないように配慮する必要があります。

　まとめてみると、基本的には「手や指が緩やかなカーブを描くようなフォーム」が、指や手首の繊細な関節や筋肉、腱に最も負担がかかりにくく、肩から腕、腕から手首を通って流れてくるパワーや腕の重さを適切にコントロールして指先に伝えることに最も適しているといえます。

## （3）タッチ・打鍵における基本的な考え方

　ピアノを演奏するとき、肩、腕、手首、手のひら、指、指先などが、それぞれのパートごとの動き・働きを持ちながらも、全体を一つの繋がりとして機能させることで、常に「流れる」音楽を表象できます。そのためには身体のある特定の部位（例えば手首の周辺、手の甲側など）の筋肉や腱に余計な力が入ったり固まったりしていないかを感じ、コントロールできるという能力も身に付ける必要があります。

　腕から手首を通って指先までエネルギーがしなやかに流れるためには、手首エリアの内部の微細な筋肉群＝「ミクロマッスルズ」が最適のコンビネーションで通常の筋肉＝マクロマッスルズと共に働くことが必要です。この「ミクロマッスルズ」がうまく働くと、ピアニストはヴィルトゥオーゾ的テクニックや、より多彩な音色を奏でたりするなど、様々な表現法を拡大することが可能となります。しかし、身体部におけるこれらの微細筋肉群は一般的な日常生活においてほとんど使われていません。そのため、一般に流通している人体模型や解剖図にその全ては掲載されておらず、その役割や働きは世間一般にはあまり知られておりません。

　しかしながら、ピアノを演奏するという目的において、この細やかな筋肉群はとても重要な働きをしています。ですから、この非常に繊細であり、一般には知られていないミクロマッスルズを、通常の筋肉と共に演奏に有効に使えるようにすることが必要なのです。そのためには、もちろん「ピアノを演奏するための身体」を「作る」またそれを「コントロールする」方法を身に付け、十分な経験を積んだ指導者から「手から手に」教わ

り、長い時間——、時には数年——かけ、必要に応じて修正をしながら育てていく必要があります。まだその技術を身に付けていない（その存在さえ感知していない）人が優れたピアニストの外観上の動きだけを真似しても、まだ機能していないミクロマッスルズを自力で発動させることは不可能です。それでは成果を得られないばかりか、逆に間違った弾き方による不調の原因にもなります。こういったテクニックは、動画や資料を「見ただけ、読んだだけ」で習得できるようなシンプルなものではありませんので注意が必要です。

　実際に楽曲を演奏するときには、作曲者のスタイルや意図に沿った表現が、そしてそのために多彩な性格の音・音色で表現するためのタッチが必要になります。そういった様々なタッチのテクニックは、当然ながら実地のレッスンで指導者が直接手をとって教えることによってのみ習得が可能なものであり、本来文章で説明することは不可能です。なぜなら、ピアノを弾くテクニックは大変複雑であり、かつ常に動きの連続性によるものなので、実際に身体を使って体験し、感覚として得た内容を理解するというプロセスを経ることによってのみ、身に付けることができるものだからです。ですからこの章では、有効なタッチのテクニックを今後適切な指導者のもとで直接習得したい方が、その場合の考え方の指標にできるような、また間違った方向になっていないか確認できるような、基本的な方向性についてのアドヴァイスを述べてみたいと思います。

　ピアノの前に腰かけ、肩と腕の力を抜いて腕を床に向けて下ろしてみます。このように身体にとって自然な姿勢をとっているとき、腕は肩の関節からほぼ真っ直ぐに下方向に伸び、肘や手首などの関節に力が入ったり極度に曲がったりせず、流れるように一続きになっているのを感じてください。このときに手のひらと指は、先ほど述べたような自然なアーチを形づくっているはずです。

　そのまま、指先のカーブを変えたり、また肘や手首だけを捻ったりせずに腕を一続きとして感じながら、付け根から内側に向きを変えながら鍵盤の上に手を持っていき、手のひらでカップを被せるように手を返し、指先を鍵盤に置きます。このとき、先ほどのように手のひらから指先に向かっ

て自然なラインがあること。指の付け根の第三関節から、第二関節を通って第一関節、指先へと鋭角なく緩やかなラインで繋がり、鍵盤へエネルギーが流れるように伝えられる状態であるのを感じるようにしてください。

　ここから、出したい音を鍵盤に伝えていくときに、胸あるいは背中の真ん中から温かいエネルギーの流れが肩を通って腕の方に河のように流れていくような感じを想像してみてください。このエネルギーを物理的な力として伝えるために、背筋や、肩と腕の付け根の周囲の筋肉、これは胸側からもそうですが、これらの全てが腕に向かって繋がりを持ち、柔軟性を保ちながら一体として働くのが大事だということがお分かりいただけるでしょうか。どこか一部だけが突発的な動きをしたり、固まってしまったりすると、この流れが途切れてしまうので、演奏中も常にエネルギーに満ちながらも、しなやか・滑らかな動きであることを感じながら、ということが大事になります。

　この流れをさらに続けて腕の筋肉を通して先へ伝えていきます。同様に肘の周辺の筋肉も固めないように、また鋭角になりすぎないよう、一般に肘が身体よりやや前に出るくらいの位置が良いでしょう。さらに前腕から手首へ、同様の感覚で流れを感じながら伝えていきます。手首の周りの筋肉も同じ理由から、つまり固めたり鋭角になりすぎるとこの流れを止めてしまいますので、そこだけを切り取って考えたりせずに、背中－肩－上腕－肘－前腕－手首－手－指までの一つのしなやかな流れの中で感じて柔軟に使ってください。

　手首の主な役割は、水平方向の滑らかな動きによってメロディーやパッセージの流れを作ることですが、同時に上記のように腕から手、指へとエネルギーを伝える要の場所ともなっています。指先に最も高い密度で集中している神経と繋がり、情報を運動として伝えるミクロマッスルは、指先から手首とその周辺エリアにかけて最も繊細であり、また高密度で存在しています。これらは指や手で途切れるのではなく、当然ながら手首を超えて前腕の方に向けて繋がっていっています。この繋がりを感じるようなつもりで、手首で流れを途切らせないように心がけると、いま述べている一番大事な、どこか一部だけではなく「肩から指先までを一繋がりとして感

じ、使う」という目的に近づけるでしょう。この感じが欠けている、あるいは分からないと、手首を固くしたり、手首で押したりしてしまうというような問題が出てくるのです。

　手のひらや手の甲も、いかなる演奏法においても（例えば手を大きく広げるとか、速いパッセージなどでも）固くせずに柔軟な状態で、動きの流れを繋げるように使います。もしも指を滑らかな湾曲でなく極端な鋭角にしたり、必要以上に高く上げすぎたりすると、手に硬直をもたらしたり、滑らかなメロディーラインやレガートを途切れさせる原因にもなるので注意してください。どんな場合でも、目的にかなった、無駄のない必要最低限の動きを用いるべきです。優れたピアニストの演奏を見ると、無駄な動きは全くしていません。これは、音楽の流れを描く「線」を表す動きのために、内部のミクロマッスルを最適な繋がりで使うことができているからで、外側の動きを見ただけで全く動いていないとかエネルギーを使っていないと思い込むのは間違いです。

　もちろん、特殊な音の効果のために指を基本のフォームより曲げたりする場合もありますし、真っ直ぐに伸ばすようにして使う場面も出てきますが、今は有効なテクニックを身に付けるための、基本的な考え方の話をしているのだということをもう一度頭においてください。天才的なユニークなピアニスト、例えばホロヴィッツ、グールド、アファナシエフなどは、外側から見たら指や手首の形や位置が、ここで述べている基本の形とは全く違います。しかし彼らは、その独自の音楽の解釈を表現することができるように、肩から指先までのあらゆる繋がりを究極まで発達させて一体として使いこなしているので、あのようなユニークなテクニックを開発し、ユニークな演奏をすることが可能となったのです。自在な演奏を可能にするテクニックを身に付けるため、体を「一体として」「柔軟に」使えるようにするために、いま述べている基本的なフォームや感じ方が助けになる、全ての前提になるということです。

　指先は鍵盤に深く入り込むようにタッチし、肩から腕、手首、手を通ってきた「音楽のエネルギー」を楽器に伝えます。この「エネルギー」は、押す力ということではありません。接触の感じは体の感覚なので、もちろ

ん言葉だけで説明するのは不可能なのですが、硬すぎず、また表面的に撫でるだけにすぎず、柔軟にエネルギーを伝えることができるように心掛けます。例えば握手をするような感じで、右手で左手を握ってみると、固く握りすぎれば痛いし、表面をさらっと触れるだけではエネルギーは伝わらないでしょう。丁度いい、しっかりとしていながらかつ柔軟性のある、エネルギーを相手に伝えることができる良い握手になるような握り方があるでしょう。ピアノの場合は接触点が指先なので、指先からエネルギーを伝えるような感覚ですが、そのときに強く押す力は必要がなく、目的にそぐわないということも、握手の例えから類推できるでしょうか。

　ここから、一音だけではなく、一つのメロディーやフレーズを弾いていくときには、指で鍵盤の上を歩いていくかのように、主に水平方向の滑らかな動きを、肩から指先までの柔軟な一体感を保ちながら、音楽の流れをなぞって描くように進めていくよう心掛けます。前述したように、指は鍵盤から高く上げすぎず、指先の感覚を使いながら吸い付くように滑らかに流れ「レガート」を実現する動きを心掛けながら弾くようにしていくことが、有効な手の使い方の基本を身に付けるための良い方法であるといえます。

# 4　練習について

　本書の読者の皆様の中には様々な演奏・学習水準の方がいらっしゃることと思います。すでに高度な演奏レベルに達し、ご本人に合った練習法や、注意すべき点なども心得て実践されている方もおられるでしょう。しかし、中には目標をたがえた練習によって練習そのものが逆効果になってしまっている学生の方や、そのために手の故障を招きやすい傾向に陥ってしまっている方も一定数いらっしゃるかもしれません。ここでは、どの水準にある方の場合にも通ずるような、「練習を成果に結びつけるための基本的な考え方」と留意点をお伝えすることにします。

## （1）練習の目的。何を目標として練習するのか

　練習というのは、ある目標を達成するために「ある種の身体の使い方」を新規に身に付ける、あるいはより良く改善していくためにすることです。ピアノ演奏の場合、「目標」とは「このように弾きたい」という音楽的イメージのことです。

　ピアノは、たった一台で歌や弦楽器、管打楽器、民族楽器など、様々な楽器の音色やイントネーションを模倣することができる、無限の可能性がある楽器です。そのため、たった一台のピアノだけでオーケストラのように色彩豊かでパワーのある表現をしたり、一曲の中で「語り」と「歌」、「オーケストラの音色」を弾き分けて演奏することで、オペラのような表現をしたりすることもできます。一台の楽器でここまで多彩な表現ができるアコースティック楽器はピアノだけなのです。ですから、様々な楽器の音をピアノで模倣することや、同時に異なる音色を弾き分けて表現するための芸術的なテクニックを身に付けるということも練習の「目標」の一部になります。

　もう少し具体的にいうと、例えば L. v. ベートーヴェンのソナタ第 29 番「ハンマークラヴィーア」のような作品は、ピアノのソロ演奏のために作曲されたものですが、オーケストラのような音の効果を表現することが必要になるタイプの作品に属します。ピアニストがこういった作品を表現するには、まず作曲家が書いた楽譜を隅々まで丁寧に読み取り、そのうえで、これから演奏する音楽を詳細に、鮮明にイメージしていきます。どの楽器の、どのような音色なのか……、また例えばオーケストラであれば、tutti なのか、solo なのか、どのくらいの規模の編成なのかなど、表現する「音楽」、演奏したい音の響きといった、「目標とする演奏の到達点」を脳裏に克明にイメージしていくのです。この「脳裏に描いたイメージ」である音楽を「実際に耳に聴こえる音楽」にするためには、ピアニストの身体を使って、ピアノという楽器に対して物理的なアクションを起こすことが必要になります。そこで「その目標を達成するための練習」が必要になるのです。

　オーケストラのような表現の他にも、作曲家のスタイルや、作曲された時代背景などによってもまた、その作品の演奏にふさわしい音色やイントネーション、ダイナミックなどの表現方法は変わってきます。ある楽曲を高いクオリティで演奏するためには、先ずは作品の理解を高め、目標とすべきイメージのクオリティを高くすることが肝要です。そして「練習」とは、その明確なイメージに向かって自分の現時点での演奏を近付けていくためにするものです。だから「芸術表現のための練習」と「身体的能力のための練習」を分離することなく「その作品」「その表現」に「目標を据えた」練習を行うことが理にかなっているのです。

## （2）聴くことによるコントロール

　演奏において、また練習の過程においてピアニストの「課題」として欠くことができないのは、演奏中に自分が出している、実際に空間に響いている音を「よく聴くこと」によって「自分の演奏をコントロールすること」です。自分が実際に奏でている音楽が、脳内でイメージした音楽に近付く方向にあるのかどうかを「耳で」正確に聞き取らなければ、演奏のコントロールはできません。「このように演奏したい」というイメージの「音楽」へ実際の演奏を近付けていくというのが練習の意義なのです。この「聴くコントロール」ができていないと「どのような改善が必要なのかを分からずに練習する」ということになってしまいます。それでは目隠しをして歩くようなものなので「目標から離れた方向へ向かっていく」という無駄な結果に行き着いてしまいます。「聴くコントロール」で、目指す方向に向けて何が必要なのか、また近付けているのかどうかを正確に把握することにより、有効な練習ができるのです。

## （3）身体感覚によるコントロール

　ピアニストが脳内でどんなに素晴らしい音楽を想像していたとしても、身体抜きの観念だけでそれを実際にピアノで鳴らすことはできません。ま

た、良い耳を持ち、自分の演奏の何を修正するべきかを理解できたとしても、そのためにはどのように身体を使ったら良いのかが分からなければ、やはり練習のしようがないでしょう。ですから「音楽イメージを実際の演奏に繋げる」ことのできる体の使い方を学び、様々な課題に応じてコントロールできる、ということが必要になります。

　ある楽曲で、またある特定の部分で求められている音楽表現——「このように弾きたいというイメージ」を演奏で実践するために最適な「指や身体の使い方」＝テクニックを、優れた（それを心得ている）教師が示すとします。そのとき、生徒が自宅に帰り自分一人で練習する際に「そのテクニック＝身体の使い方」を「正確に再現する」ことが必要になります。このために必要なのが「感じる」こと——「身体感覚による」身体のコントロールです。この過程、つまり「合理的なテクニックを身に付ける」ことを可能にするのは「体の感覚を通して」習うということしかありません。またそれを再現する、そして「本当に再現できているのかを確認する」ためにも、体の感覚による、つまり「感じる」ことによるコントロールが最も有効であり主になります。もちろん、感覚の発達にも様々な段階があります。感覚だけではできているように思い込んでいても実際には違っていたり、ずれていたりすることもあるので、視覚を使う、つまり「目で見るコントロール」を補助として同時に使うとより確実です。

　しかし、とにかく第一に働く（べきである）のは感覚、体の「感じ」です。例えばある音型で弾きにくいとか、体のどこかに「不快な感じ」がある場合には、最適・合理的な動作、体の使い方から外れているということですから、まずはその感じに「気付く」こと。そして気付いたらその「良くない」動きを無理に続けないことが肝要です。もし、すでに非常に高いレベルに達しているピアニストが自身でより合理的な動きを見つけることができるのであれば、もちろんそれは望ましいことです。でも、より良い「身体的にも快い」テクニックをまだ自力では発見できない段階の人は「不合理な」テクニックで無理に弾き続けるのではなく、そうした指導のできる教師に示してもらう方が良い結果に繋がります。

　演奏する曲を選択する際にも、頭での想像だけで決めるのではなく、身

体の感覚も使って判断することでより良い選択ができます。各人のその時点での技術的なレベルや筋肉の発達度に対して難しすぎる、あるいは無理な楽曲を演奏しようとしたり、あるいは教師が生徒に与えたりすることは、演奏が上手くできないだけはでなく、危険なことでもあります。なぜなら、人によっては身体の一部に故障をもたらす場合があるからです。このような「個々人の、またその時点での身体の状態」にとって暴力的ともいうべき「無理な動作・テクニックを避けるという判断」も身体の感覚による・感じるコントロールを使えば可能になります。これは良い成果のためには非常に大事なことです。

## （4）練習において避けた方が良いこと

　各個人にとって、具体的には「どのような練習方法が最も上手くいくのか」というのは、個性によって違ってきます。ですから、その個人をよく知った教師、またはたとえ一度だけのレッスンであっても、少なくとも直接その生徒の弾き方や身体・心理的条件を見て、ある程度理解した教師でなければアドヴァイスすることはできません。ここでは一般的にどんな条件の方にでもほぼ共通していえるような基本レベルの範囲で、練習において良い成果を出すためには避けた方が良いことについて述べてみたいと思います。

### ・手や体が温まっていない状態のときに速いテンポで弾く

　もちろん人によって程度は違いますが、体の筋肉は、まだ温まっていない状態では柔軟性に欠け、急に伸ばすといった強い負荷がかかると傷めやすい状態にあります。例えば、朝はじめてピアノを弾き始めるときなどは特にそういう状態であることが多いと思います。急に速いテンポで、全力で弾き始めたりせずに、ゆっくりとした動作から徐々に始めて、手や体が十分に温まり準備が整ってから「本式に」弾く、練習する態勢に入るようにした方が安全です。これは例としてスポーツの場合を考えてみても、プロフェッショナルな選手であれば、必ずはじめに十分体全体の筋肉の

ウォームアップをしてから各種の運動に固有な動作の練習に入るのと同様のことです。ウォームアップのためには各人の必要に応じて、ハノンやスケールを使ったり、曲の中の一部を使ったり、様々なやり方があるでしょう。

## ・目標となるイメージを明確に把握せずに練習する

　ある楽曲、またある特定の箇所で「いかなる音楽表現が求められているのか」「演奏者としての自分はそこでどのような表現をしたいのか」──「目標とすべき音楽表現のイメージ（フレーズ、イントネーション、音色など）」を明確に持っていなければ、本来練習はできないはずなのです。ある時点でのイメージが実は間違っていた、あるいは外れていたことに後から気が付くこともあります。しかしその場合でさえも、あるはっきりした目標を目指してやってみたからこそ「違和感に気付ける」のであり、目標なしに何となく練習してもそのような気付きにさえ至ることはできません。たとえイメージを修正することになった場合でも、そこで目指す方向がより明確になることで目標に一歩近づくので、成果に繋がるのです。

## ・音楽を無視した機械的な練習

　上記の点とも繋がりますが、最初にテクニックだけを機械的に練習し、後から音楽的な表現を「つけ足す」というような方法は意味を成しません。ある楽曲や特定の箇所で求められる音楽表現を「いかに身体を使ってなすのか」というのがその場に必要な「テクニック」であるので、音楽なしのテクニックというものはどんな場合にも必要にならないのです。そのための練習は無駄になるだけではなく「間違った方向への練習」であるので、良い成果のためにはむしろマイナスになってしまいます。たとえ技術的に難しい箇所でも、常に目標とする音楽のイメージに照らし合わせながら、イントネーションや音色を含めた練習をするべきです。またその方が、技術面から見てもより理にかなったテクニックに繋がります。

**・速い（実際の）テンポでのみ練習する**

　ある表現のために必要な動作、テクニックが、体にとってそれまでに使ったことのない筋肉の組み合わせによる「新しい」動作である場合、その組み合わせや動きのプロセスを注意深く、ゆっくりと確かめながら行わないと、神経や筋肉はそれを理解し正確に実行することができません。その新しい動作が確かに身に付くまでは、イントネーションや音色を「聴くコントロール」で、動きを「感覚によるコントロール」で確認しつつ、丁寧な練習をするしかありません。しかし、その「動作」や表現法がある程度確実になってきた、身に付いてきたという段階で本来のテンポで弾いてみて、それが実際に上手くいくかどうかを確かめるのも、もちろん非常に大事です。そこで、ゆっくりの練習でやっていた動きを修正するべきであることに気が付く場合もあります。

**・疲労を感じても休まずに練習を続ける**

　練習とはクリエイティブな仕事であるので、一定時間の継続の後に感覚や感情が新鮮でなくなってきた状態では最良の仕事はできません。思考能力も、長時間高い集中力が続くわけではないことはよくご存知でしょう。集中力が下がった状態になると「聴くコントロール」「感覚によるコントロール」の精度も下がります。筋肉もまた、ある動作を一定の時間繰り返すと疲労し、伸縮という本来の機能が働かなくなるため硬直し始め、本来の良い状態で働くことができなくなるのです。この硬直状態で練習すると、望ましいテクニックを身に付けるのを妨げるだけではなく、逆に不完全な機能で「目標からずれた動きを練習する」ことになってしまいます。それが原因で演奏がより悪くなる、さらには良くない癖のあるテクニックを身に付けてしまうという弊害が起こり、また人によっては手の故障といった問題を招く危険さえあります。ですから、疲労を感じたら、それが精神的なものであれ身体的なものであれ直ぐに休憩をとり、十分に回復してから再び練習に取り組んだ方が、休まずに長時間練習するよりも何倍も良い成果が上がるのです。この休憩をどのくらいの間隔で入れるのがよいのかということは、人により、またその時々によっても身体的・精神的条

件が違い、楽曲によっても変わるので、一概にはいえません。ここでも「身体感覚によるコントロール」と「感じる」ということが大事になります。

　ここで、当然のことではありますが、念のためもう一つ付け加えておきます。非常な疲労を感じたとき、また病気や、病気ではなくとも体調が悪くピアノに向かうことがつらく感じられるようなときには「練習はやめにする」あるいは「そう感じた時点で終える」というのが、より良い成果のためにも正しい選択です。

# 第4章

# 演奏を原因とする手の障害

この章では、ピアノ演奏に伴う痛みや腱鞘炎など、ピアニストがかかり
やすい典型的な傷害（Pianist Diseases）についてお話します。痛みや故障が
起こる原因は複数あり、一つの原因のみで発症する場合と、複数の原因が
影響し合って発症する場合もあります。主に症状が現れやすいのは、手、
指、手首、前腕、肘、肩、背中です。
※ピアニストの怪我や病気に関して本書でお伝えする内容は、あくまでピアノを演奏
　するうえでの助言であり、医療行為に関わるものではありません。


# 1　故障の主な原因

　痛みなどの故障が起こる場合の主な原因を以下に整理してみたいと思い
ます。

## A.　姿勢から来る身体の硬直

　筋肉や腱、関節などは、連続して硬直状態に置かれると、痛みや支障が
起こる・起こりやすくなります。良くない姿勢とは、身体のどこかに無理
な負担がかかりやすい、体全体や一部に硬直をもたらしやすい態勢のこと
です。
　例えば演奏するときに座った姿勢で猫背になってしまうと、肩が前に出
る、あるいは肘の位置が下がるなどして弾きにくいため、どこかに不必要
な力が入りやすくなります。また、椅子が低すぎる、ピアノに近付きすぎ
ている、肘を脇に付けてしまっている……など、ピアノを弾きにくくなる
ポジションを取ると同様の問題が起こります。
　しかし、逆に「良い姿勢」というイメージだけの思い込みで、極端に背
中を真っ直ぐに伸ばそうとして「直立不動」のような硬直した姿勢をキー
プしようとするのも、かえって危険が大きいといえます。静止状態を保と
うとすることは硬直をもたらします。良い姿勢とは、ポーズをとったよう

に一つの姿勢を保ち続けることではありません。柔軟さと「常に」流れるような動きが体にとって良いあり方です。

## B.　基礎的なテクニックに問題がある場合

　生体力学的に見て「自然に適った動き方に逆らうような動作」を行うと、身体には負担がかかります。ピアノを弾くときに「どのような動作が合理的なのか」という観点がない「良くない」テクニックで演奏を続けると、この負担が蓄積されて痛みや故障の原因に繋がることがあります。具体的には、様々な筋肉同士の繋がりと相互作用を感じながら演奏できるような「良い」基礎的なテクニックを身に付けていないために、身体の一部を不必要に固めたり押したりするような例があります。また、必要なテクニックの習熟と筋肉の成長に見合わない「難しすぎる曲を演奏する」ことも、同じ理由から大きな負担となります。

## C.　身体的特徴に合わせた特別なテクニックが必要になる場合

　「関節が硬い、柔らかい、手が小さい」というような身体的な特徴は、鍵盤の規格が決まっているピアノを演奏するうえで不利になる場合があります。そのため、このタイプのピアニストが普通に「良いといわれるテクニック」を使おうとしても身体に負担がかかることがあり、そのようなテクニックを「そのままでは使えない」場合もあります。このようなケースでは、こういった問題を回避できるような「各々の身体的特徴に適した」「個別の」「特別な」テクニックの基礎を教師が創出して指導する、それを生徒の側は身に付けることが必要になります。

## D.　筋肉ができていない時点で新しい動作を長時間繰り返す

　ある動作・テクニックが、生体力学から見て合理的な「良い」動きであったとしても、その動作が一連の筋肉にとって「新しい」繋がりと動き

である場合、筋肉はまだ鍛えられていない段階にあります。ですから、その状態で急に長時間練習したりすると負担になってしまいます。例を挙げると、手が小さい人がオクターヴや和音の新しいテクニックを習ったような場合です。このようなときは、注意深く少しずつ慣らすように練習していくことが必要です。一旦無理なく身に付けることができてしまえば、その後は長く練習したとしても問題はありません。

## E.　精神的なストレスが身体に影響を与える場合

　心身症というものがあるように、ピアノ演奏においても精神状態と身体のコンディションは互いに密接に関連しています。演奏のための良いテクニック、身体全体の良い繋がりを身に付け、感じて使うことができているはずのピアニストでも、緊張や不安といった精神的なストレスがあると、それが身体に影響を与え、身体・筋肉の緊張・硬直をもたらします。また、そのことが原因となって「思うように弾けない」というコンディションに陥る場合もあります。そのような状態が高じると、肉体にとっても「普通なら起こらないはずの強い負担」がかかることになるので、結果として痛みなどの問題に繋がることがあります。

## F.　指導教師の演奏法から影響を受けるケース

　手を傷めやすい奏法や、身体を硬直させた弾き方をしている教師からレッスンを受けている、または受けていた時期があった場合、習う側の生徒も同様の弾き方を学んでしまうことがあります。ピアノ教育の現場において、教師自身が良い奏法を知り、身に付けていることは大変重要です。

## 2　症状の発生・進行のプロセス

　ピアノ演奏における様々な問題が原因となり、手や身体を傷めてしまう方がいらっしゃいます。本人にとって明らかに「痛い」という感覚を持つ場合だけでなく、関節に固さを感じて弾きにくいという「不調」が故障の初期症状として現れてくるケースもあります。しかし、その不調を「症状として」認識できないと、対策が遅れて悪化させてしまうのです。本人が「弾きにくくなった」と感じている状態は、身体からの危険信号です。にも関わらず「自分はまだ練習が足りないのだ、もっと練習しなくては」と無理を重ねてしまい、根本的な解決に繋がらないばかりか故障してしまう人が、後を絶ちません。努力家の人ほどその傾向が強いので、注意が必要です。

　筋肉が硬直し関節や腱に負担がかかり始めてから症状が進行するプロセスには、概ね次のような六つの段階（ステージ1～6）があります。

### ステージ1

　筋肉が緊張し始め、何となく肘や手首、指などを動かしにくいように感じます。しかしまだ、身体が硬直していることへの自覚がありません。本人はまだ異変に気付いておらず、弾き方に問題があるとは認識していない場合があります。そのため、演奏により身体に負担がかかっていることへの自覚がないケースも頻繁に見受けられます。

　また前述のように、努力家の人ほど「思うように演奏できないのは練習不足による技術的な問題が原因だ」という風に捉えやすい傾向にあり、この段階では「弾きにくさ」が「故障の初期段階」であると気付くことができないケースが大半です。

## ステージ2

　関節や筋肉が固くなってきた状態を、演奏者本人がハッキリと自覚している段階です。1の段階よりもさらに硬直が進んでいます。以前と比較して明らかに弾きにくくなっており、繊細なタッチや音色を弾き分けるなど、表現するための技術の扱いが難しくなってきたという認識があります。

## ステージ3

　手や身体のどこかに明らかな痛みを認識しています。速く弾くことや、手を拡張させて使うテクニック（指の拡大）などが難しくなってくる段階です。内部の微細な筋肉が演奏に適した働きをできなくなりつつあり、手や身体のどこかに痛みが発生し「正確に弾けない」と本人が感じることが起こるようになります。

## ステージ4

　演奏時の痛みがあるが、我慢すれば何とか弾くことができるくらいの段階です。3の段階よりも演奏が困難になるテクニックのパターン（例：速いパッセージ・跳躍・和音・連続したオクターヴなど）が増えてきます。常に痛みと共にピアノを弾いているような状態ですが、身体にとって苦痛である状態に耐性ができてしまい、痛みへの感覚が薄れて余計に無理を重ね、悪化させてしまう人もいます。

## ステージ5

　演奏に大きな痛みを伴います。少しだけなら弾くことができる場合もあるものの、演奏はほぼ無理になってくる段階です。

**ステージ6**

　大きな痛みがあり、ピアノを弾くことが不可能になる段階です。故障に
より、演奏することを完全にストップしてしまっている状態です。場合に
よって症状の進行の仕方が様々で、個人差があります。例えばあまりにも
早く症状が進行するため（たった数時間や数日など）、症状が進行していく
プロセスを辿っていることへの自覚がなく、ある瞬間に急に弾けなくなっ
たと感じる人もいます。しかし、事故などによる一般的な怪我が原因と
なっているケースでない限り、六つの各段階は必ず存在しています。

　繰り返しになりますが、本人の筋肉や関節の特性に合わない弾き方によ
る「演奏上の不調」であるにも関わらず、努力不足や練習不足が原因と錯
覚して間違った方向に努力してしまうと、状態を悪化させてしまう危険が
あります。不調に気づき、できるだけ早い段階での対処を行うことが大切
です。また、症状が安静などの処置により一時的に軽減した場合に、治っ
たと錯覚して以前と同じ弾き方を繰り返してしまうことにより、再び傷め
てしまうケースも大変多く見受けられます。痛みなどの故障の悪化や再発
を防ぐためには、原因を見極め、問題を引き起こす「良くないシステム
（演奏法・練習方法など）」を断ち切り、全く新しい健全なシステムに切り
替えるということが肝要です。


# 3　身体と演奏法を変え、不調を克服するには


　私は20年以上にわたり、日本でピアノ演奏の専門教育を行ってきま
した。私が日本で教えてきた大人の生徒たちのほとんど全員（音楽大学
で教授として教えていた当時、学生だった人たちを除き）が、日本国内（東
京、大阪、京都、神奈川など）の音楽大学の学士過程を卒業しており、また
彼らのうちの多くは大学院も修了していました。中にはロンドン、パリ、

ウィーン、また、ドイツやアメリカなどの各地の大学を卒業した日本人受講生もいました。彼らの中には、ピアノ演奏による故障などの深刻なトラブルを抱えていた人たちがおり、私はこれまでの教育活動の中で、非常に多くのケースに対処してきた経験があります。

　また、上記のような深刻なトラブルを抱えていたわけではない受講生であっても、全員が何かしらの「技術的な問題」を抱えていました。特に「深く」「豊かな」タッチをもって「美しい」音色で演奏するための技術は、これまでに出会った全ての受講生にとって困難な課題でした（日本に限らず、他の国でも似たような状況はあります）。このような現状の中、これまでに教えてきた生徒たちの多くはそれぞれの問題や課題を解決し、成果を出していくことができました。

　しかし残念ながら、中には肯定的な結果を得ることができなかったケースも存在します。医学的な要因によって演奏に支障が出ているケースの中には、演奏のための指導によって改善することができない場合もあるからです。例えば、事故による怪我が原因で、奏法を変えただけでは対応できないほどに指や手首、腕などの身体の機能が損なわれてしまっている場合。その他本人の脳の特性として、先天的・後天的な要因によるメンタルコンディションの問題があり、脳の働きや機能といったものが、演奏に必要な理解力・思考力・集中力・記憶力を満たしていないなどの事情があるケースです。重要なことですが、ピアノ演奏のための指導は、医療行為ではありません。上記のような要因がある方には、必ずしもお力になれない場合もあるということも、ここで改めてお伝えしておかなければなりません。

　奏法の面から問題を回避し、また改善するために最も重要なことは「新しく適切な奏法を基礎から作る」ための指導を受けることです。また「新しい基礎を作る指導」は、一人ひとり異なる身体の特性に合わせて微調整したものであることが必要です。例えば手が大きい人には全く問題ないようなことでも、手が小さい人にとっては大問題となるケースがたくさんあるからです。多くのピアニストは、演奏により故障したときに整形外科などを受診すると、痛みを和らげるための塗り薬などを渡され、安静にする

ように指導されます。しかし、投薬や安静により一時的に回復したとしても、本人の故障の原因が奏法や日々の練習方法にある場合、演奏に関わる根本的な問題点を解決しない限り、演奏を再開すると同じ経過を辿ることになり、再度傷めてしまうことになります。

　一般的には、故障して演奏できなくなった状態から再び演奏できるまでに回復させることは大変難しいとされています。そのため上記のステージ6まで症状が進行してしまった場合に、ピアニストとしての将来が絶望的な状況になったと感じ、落胆してしまう方も多くいらっしゃいます。

　しかし、たとえ故障しても、それを理由に演奏することを諦めなくても済むかもしれないという方法は、一つあります。それは、故障したピアニストが再起するために必要な「特別な指導法」を身に付けた教師から、身体に負担をかけない「新しい適切なテクニック」を学び、身に付けるということです。一人ひとり異なる身体的な特徴を見極め、一般的には「不利」といわれる身体的条件においても「その人の持つ筋肉や腱の有効な使い方」「筋肉と関節の新しいコンビネーション」などを見つけ、その機能の仕方を指導できる教師から「それまでとは全く違う新しいテクニック」を教わることが必要だからです。そして、今までとは違う身体の使い方を「注意深く感じること」（コントロール）と、ある程度の辛抱強さもその助けとなります。長年使い続けてきた奏法を変えることは誰にとっても困難ですが、もし本人にとっての「故障の原因となった弾き方」を完全に手放すことができれば、それは可能なのです。

　過去に傷めた筋肉や関節、腱などは非常にセンシティブな状態であり、回復後は仮に正しい弾き方をしたとしても、故障する以前よりも負担がかかりやすくなっています。その場合、ダメージを受けた筋肉をできる限り使わずに、代わりにコンディションが良好な筋肉を優先的に使って演奏できるように組み替える方法もあります。一度身に付けた演奏法を完全に変える取り組みは、誰にとっても大変難しいことではあります。それでも本人が再び演奏できるようになることを強く望み、感覚的に受け取る力や理解力があり、この領域に関して熟達した指導者のもとで学ぶことができるという条件が全て満たされていれば不可能なことではありません。それに

よって故障から回復して再び演奏できるようになるだけでなく、故障するより以前の、本人にとっての今までの「ベスト」以上に良い演奏、良い表現ができるようになる可能性もあります。


# 4　ピアノ演奏の技術的な問題と手の故障などを克服した事例

　ここに記載したケースは、レッスンによって問題を克服できた多くの事例の中の、ほんの一部にすぎません。また、演奏上の問題が外観上「似たように見えるケース」であったとしても、その原因や改善方法は一人ひとり異なります。そのため、個人に合った教授法を熟知した指導者がレッスンを行う必要があります。
※医療行為ではありません。また、全ての方に必ずしも同様の成果を保証できるものではありません。


## A：長期にわたる慢性的な腱鞘炎
　　（レッスン開始当時 17 歳・女性ピアニスト）


　音楽高校在学中から右手前腕に痛みが発生し、その後も慢性的な痛みと硬直に悩んでいた方です。両手とも、指が第 3 関節から動いておらず、手首で押し込むように弾いていました。また、打鍵すると第 2 指、第 3 指、第 4 指の第 1 関節が反り、第 5 指は指先が安定せずに指の側面で打鍵してしまう状態でした。先天的に筋肉や関節が非常に柔らかくセンシティブなタイプの方でしたので、本人の筋肉や関節の特性に対応した特別な手の使い方を身に付けなければ、普通に「良い」といわれる弾きかたをすることができなかったのです。この方は、4 歳からピアノを学び始めましたが、演奏するための正しい基礎（テクニック面と音楽面での）を身に付ける機会がありませんでした。しかし、決して本人が怠惰だったわけではなく、むしろ最大限の努力をしたにも関わらず、本人にとって必要な指導を受ける

機会がなかったことが、演奏で苦労し故障に至った原因でした。彼女の場合は、生まれ持った繊細な感覚を生かし、柔らかすぎる筋骨格に対応したメソッドで全身のコネクションを作り、「身体全体を一つに」使えるようにしました。そして関節が反らなくなり、指を正しく使って打鍵できるようになった頃、痛みが完全に消えたそうです。その後15年以上経ちますが、その間に腱鞘炎を再発したことは一度もなく、地道に研鑽を積みながら、国内のみならずヨーロッパでもコンサートに出演するなど、ピアニストとして前向きに歩みを進めています。

## B：回復しても何度も繰り返す腱鞘炎
　（レッスン開始当時24歳・女性ピアニスト）

　4歳からピアノを学び始め、11歳の頃に右手前腕と右手首に痛みが発生。当時のピアノ教師からは指を鍛えれば治ると教わり、ハイフィンガー奏法の訓練を続けたところ、筆記もできないほどに悪化。医師により腱鞘炎と診断されました。鍼治療や整体など手を尽くすも、一時的に改善してもすぐに再発することを頻繁に繰り返すうちに、痛みを伴いながらピアノを弾くことに対して耐性がついてしまっていたようです。音大卒業後に私とのレッスンを始めた当初は、左右の第5指の第2関節が不自然な角度で曲がってしまう関節の変形があり、誰が見ても危険な状態であるにも関わらず、自分ではどこにも問題はないと誤認するほどでした。彼女の筋肉や関節は柔らかすぎるところと固すぎるところが混在しており、小柄なのに腕だけが長く、アンバランスなストラクチャーを持つタイプです。そこで演奏時のポジション、肩の位置、首の状態から調整し、全身のコネクション、ポジション、タッチのテクニックを本人の筋骨格に合うように徹底的に矯正し、音楽的に深い表現が可能となりました。現在ではピアニストとして国内外で活動しています。

## C：側弯症を伴う腱鞘炎

（レッスン開始当時 26 歳・女性ピアニスト）

　この方は、小柄で筋肉や関節が柔らかく、どの関節もクニャクニャとしていました。そのため、全身のコネクションを感じることが難しく、また側弯があるので座ったときに身体が傾きやすく、偏った筋肉の使い方をしながら長時間の演奏を長年続けてきました。そのことが原因で肘や手首の関節にもねじれが生じ、両手首と前腕に慢性的な痛みがあり、音楽大学附属高校に在学中の頃から 10 年以上にわたり、腱鞘炎が治ったことがなかったということです。また、常に筋肉が硬直しているために指が独立した動きをしづらく、頻繁に第 5 指を折り畳んだようなフォームで弾いていたため、技術的にも不安定な面がありました。彼女の場合は、腱鞘炎が悪化した時期に背中や腰にも強い痛みが出て、演奏していないときでも二時間以上座っていることがつらいという状態になっていました。その後、股関節にまで痛みの範囲が広がり、演奏時に脚でしっかりと身体を支えることも困難になってしまったということです。そこで硬直が著しかった首から胸椎、脊椎を演奏に対応しやすいコンディションに整え、同時に肘関節のねじれを正しつつ、本人の身体のタイプに適した奏法で訓練してもらったところ、足裏、腰の支えも自然と正常化していきました。その結果、演奏時に第 5 指を折り畳んでしまうことがなくなり、速いパッセージやポリフォニーにおけるテクニックも上達し、レパートリーも広がりコンサートでの演奏にも幅が出ました。

## D：急性の前腕筋肉の炎症と肘関節石灰化

（レッスン開始当時 22 歳・男性ピアニスト）

　この方は大柄で手が大きく指も長く、ピアノを演奏するには恵まれたプロポーションを持ち、10 代の頃からコンサートピアニストとして活躍してこられました。非常に研究熱心なのですが、結果として間違った奏法を試行錯誤してしまい、そのことが原因で前腕の筋肉を傷めてしまいまし

た。それでも常にコンサートを控えている日々であったために無理な練習
を続けたところ、肘関節が石灰化していると医師より診断されたというこ
とです。2か月後にリサイタルを控えているという切羽詰まった状況でし
た。そこで、傷めている部位の筋を極力使わず、健康な筋肉をその代わり
に使えるようにし、遜色なく演奏できるように肩から指までの身体的な仕
組みを作り変える、特別なメソッドを使って訓練しました。幸いにもリサ
イタルは成功し、その後も演奏に支障をきたすような後遺症はなく、精力
的に活躍されています。

## E：局所性ジストニア
　（レッスン開始当時31歳・女性ピアニスト）

　この方は3歳からピアノを学び始め、いわゆるハイフィンガー奏法で長
年にわたり訓練を積んでいたそうです。音楽大学在学中の20代の頃から
右手第2指が本人の意思に反して不随意運動を起こしてしまう症状が現
れ、大学病院で局所性ジストニアと診断されました。その後、症状が徐々
に悪化、不随意運動が両手に起こるようになり、やがて全くピアノを演奏
することができなくなったということです。

　主治医の了解のうえ、こちらでレッスンを始めました。症状が発生した
頃の状況を聞いたところ、実は10代の頃から練習中に指が動きにくいの
を自覚していたが、音楽大学の先生からは練習不足だからだと言われ、努
力すればするほど速いパッセージが弾けなくなっていったということでし
た。長身で細身、手は大きいものの硬直が著しくオクターヴが届かなく
なっており、スケールもまともに弾けない状態でした。関節が柔らかく筋
肉量が少ないタイプで、演奏時にフォームをキープするために余計に硬直
している箇所も多々ありました。全身の筋肉のコネクションを作るのと同
時に、ねじれていた肘や手首の関節を正しい位置に改善させ、手が自然な
アーチの形を保てるようになった頃、彼女自身が意図したように指が動く
感覚が10年ぶりに戻ってきたそうです。
　レッスンを始めて僅か2年でピアノ演奏に全く支障がないレベルまで症

状が改善され、主治医からも今後の治療は不要だと言われたとのこと。現在では、故障による長期間のブランクがあったとは思えないほどにテクニックも上達され、演奏家としてステージ上での演奏もできるようになりました。

## F：メンタル面の問題と手や身体のこわばり
（レッスン開始当時 7 歳・男の子）

4 歳から、音楽の専門教育のための学校でピアノ演奏を学んできたお子さんです。表現力、想像力などの面で並外れた才能を示していたのですが、繊細な性格で気分の浮き沈みが激しく、音楽の好みに偏りがあり、本人にとって根気が必要な課題に取り組むことが苦手でした。また、筋肉や関節が柔らかいタイプで負担がかかりやすいうえに、日常生活でのストレスによる精神的な緊張も重なり、常に首や肩、手首などがこわばった状態でピアノを弾いており、そのために技術的な問題も生じていました。しかし、彼自身が心から好きなタイプの楽曲を演奏するという目的のためには、相当な集中力を持って取り組むことができました。

そこで、本人の筋肉や関節の特性と、気質・性格に対応した特別な指導法で、演奏のための身体の基礎を作り、本人が夢中になるような課題を選別したうえで、その楽曲をレッスンする中であらゆるテクニックと音楽的な表現を同時に習得できるように、計画的な指導を行いました。その結果、まだ 10 歳にならないうちに、ショパンの「子守歌」やドビュッシーの「ベルガマスク組曲」などのレパートリーを、豊かな表現力をもって演奏できるようになりました。

特に目立った才能がある子どもの場合、その才能を伸ばすためには、12 歳以前から、本人の気質や身体の特性、能力に対応できるような特別なプログラムで、臨機応変に指導を進めることが重要です。

## G：筋骨格の特性に起因した、演奏技術の問題

（レッスン開始当時 17 歳　音大生）

　どんな作品を演奏するときにも手が固くなってしまうために動きが悪くなり、タッチも不安定になりやすく、シンプルなテクニックでさえも「弾きにくい」と感じていたそうです。本人は、運動神経や反射神経に問題があると考え「不器用である」ことが「思うように演奏できない原因」であると捉えていたようです。ところが、実は関節が柔らかいために支えることが困難で、鍵盤をタッチしたときの不安定さをカバーしようとして「無意識のうちに固くする」ことが原因になっているのだと判断できました。

　また、日本人の中でも小柄な方で手が小さめであり、オクターヴを弾くときに手に負担がかかりやすく、この方にとって、連続したオクターヴを素早く軽やかに演奏するテクニックなどは特に難しいものでした。しかし、生まれ持った身体の特性に合わせた特別な手の使いかたを開発することで「手がひとまわり大きくなったかのように」使えるようになり、同時に複雑なパッセージや跳躍のテクニックも向上しました。また、柔らかすぎる関節をかばうために動作が固くなっていた問題についても、新しいテクニックを身に付けてもらい、原因を根本から解決することができました。

　現在では、例えばショパンのポロネーズ「英雄」のように、左手の連続したオクターヴのテクニックが必須な曲もラクに弾けるようになるなど、技術的な問題を克服できたので、演奏できるレパートリーが広がり、前向きにピアニストとしての経験を積んでいます。

## H：機械的なフィンガートレーニングによる問題

（レッスン開始当時 14 歳　中学生）

　コンサートピアニストになることを目標として、4歳の頃から専門教育を行う音楽学校で学んできた方です。長身で手も大きく、筋肉や関節のタイプとしては柔らかすぎたり固すぎたりするような問題もなく、腕や手首

の痛みなどのトラブルはありませんでしたが、演奏時の身体の硬直が問題になっていました。彼女は長年「主に指のみを使う」奏法でピアノを弾いていました。敏捷性などの運動神経は良い方で、指はとても速く動きますし、難易度が高いエチュードなども、ミスなく正確に弾くことができました。しかし、深い音色やイントネーションを必要とする楽曲を演奏するための「表現の技術」を身に付けることができていませんでした。

　また、この方の場合は中学生になってからの約2年間、重りを使って指に負荷をかけるといった「機械的な指のトレーニング」を行っていたそうで、指をピストンのように使い、主に第2関節から鍵盤に向けて振り下ろすような方法で打鍵することが習慣になっていました。そのため、速いパッセージなどをメロディーとして弾くことができず、無機質で乾いた音質しか出せなくなっていました。「主に指のみを使う」ような弾き方での訓練は、ピアノ演奏を学び始めた頃の初歩の段階に限定して用いるのであれば有用な場合もあります。しかし、そういった弾き方で演奏できる楽曲は限定されます。指だけを使った弾きかたでは、大きな和音や跳躍のためのテクニックが必要な楽曲を演奏することは不可能です。さらに、例えばベートーヴェン、ブラームス、ショパン、リスト、ラヴェル、ラフマニノフなど（もちろん、他の作曲家も）の作品を演奏する場合、指や肩を含めた身体全体を使うテクニックがなければ、豊かな色彩や深い響きをもって歌うような表現はできません。

　彼女には身体全体を使った弾き方や、指先の繊細なタッチを身に付けるためのレッスンを繰り返し行いました。その結果、豊かな響きのあるピアノや、深く柔らかな色彩のフォルテの表現ができるようになりました。また、以前はピアニッシモを演奏する際、una corda を使わなければならないことが多かったそうですが、左のペダルに頼らずに指のテクニックだけで十分に静かで柔らかな音を出せるようになり、豊かな表情をもって演奏できるようになりました。以前は苦手だった、ノクターンやソナタの緩徐楽章などで歌い上げるような表現が、今では逆に得意になり、現在では非常に表情豊かに演奏できるようになりました。

第 5 章

# ペダルについて

ピアノ演奏におけるペダルの効果とその使い方のメソッド——これはピアノの演奏技法の研究の中でも非常に広大で難しい領域です。A. ルービンシュタインは「良いペダル奏法は、良いピアノ奏法の 3/4 を成す」と語りましたが、まさにそのとおりです。そこで、ここではペダルについて比較的多くのページを割いて述べてみることにします。


# 1　人の心に深い影響を与えるペダルの効果

　ピアノ演奏の中でも、ペダルによる音の効果は「神秘的」「魔術的」とでもいうべき範疇に属するものです。楽曲の中で、ペダルを使った音の響きは聴く人に「言葉では説明することができないような印象」を与えます。こうした音による「人の心への影響力」は非常に深く、意識下に、さらにはその基底に在る本能的な情動の種にまでも直接働きかけるものです。この現象を論理で説明することはできません。このようなペダルの「効果」と「影響力」については「偉大なピアニストたちによる著作」から「教育者や音楽学者による教育方法論的な論文」に至るまで、読み切れないほど多くの文献に記されています。例えば「ペダルこそは、ピアノの魂である」（F. ショパン、A. ルービンシュタイン）「ペダルとは、情景を浮かび上がらせる月の光のようなものである」（F. ブゾーニ）など、多くの偉大なピアニストたちがペダルについて高尚で美しい言葉で記述しています。

　しかし、このような効果をもたらすために「実際にペダルをどのように使ったらよいのか」という「テクニック」は身体の動作によるものなので、これを言葉のみで記述するというのは非常に難しいのです。私の偉大な師の一人、ゲンリヒ・ネイガウスが「言葉でペダルについて書くのは、常にピアノを使って実際に『生きた』範を示すことなしにはほとんど不可能である」と述べたとおり、ペダルの「様々な状況に応じた使い方」というものは、ピアノを使った実地のレッスンの中で、教師から生徒に、直接「手から手へ」伝えるしかありません。

　「芸術的なアイディアと身体的な実行を一体化させること」に関しての問題は、同様にバレエの演技の場合にも見られます。バレエを、本や理論的な説明やアドヴァイスのみで指導することなど不可能だということは、一般の方にもよく理解できることでしょう。ピアノの奏法の習得は、バレエの技法の習得と似通った問題をはらんでいます。これはもちろんペダルの奏法だけでなく、指の使い方のテクニックを含む、ピアノの奏法全般にもいえることです。

　ところで、相当数のピアノメソッドの中で、手・指によるピアノ奏法と並び、ペダル奏法についても取り上げられています。しかし「どういったタイプのペダル奏法を使うのか」や、また「ペダルによってどういった演奏効果が求められるか」という点については多く述べられているものの「いかにして」という、実際にペダルを使うテクニックの手段や方法について触れられることは稀です。


# 2　ペダル用法の二つの側面

　ピアノのペダル奏法には、大きく分けると「Where（When）」と「How」の二つの側面があるのす。この「Where（When）」＝「どの箇所で踏むか（及びそのタイミング）」については、様々な研究がなされ、文献でもいささか多く語られすぎているほどです。しかし「How」＝「身体的に、足の筋肉をどのように使うのか」という、ペダル奏法の「テクニック面」についての実践的な研究は、ほとんどなされていないというのが現状です。

　第1章でもすでに述べましたが、ピアノは「打楽器的な構造原理によって音が鳴る」という仕組みを持つ鍵盤楽器です。打鍵によってハンマーが弦を打つと音が鳴り、指を鍵盤から離すとダンパーが下りて弦の振動を即座に遮って「鳴り」を「止める」ことによって、音を「切る」という仕組みになっています。したがって、ピアノの演奏でペダルを使わない場合、音質は非常に「きっちりとした」乾いたものになり、響きの余韻を含んだ

「深みのある」イントネーションを欠いたものになります。ですから、ペダルによる演奏効果の可能性を理解し（「乾いた音質」を「意図的に」使うことをも含めて）、それを使いこなせる能力を身に付けることは非常に重要です。ペダルによって楽曲の中の音の質を高め、深く豊かな色彩に満ちた輝かしい表現を可能にするだけでなく、音楽が生き生きと呼吸し、その中から音楽の生命、魂、スピリットといったものを生み出すことが可能になるのです。ペダルの効果を使うことはまた、ピアニストが音色、アーティキュレーション、ハーモニーなどを作っていく際の、テクニック上の「動き」という身体面での課題を解決するための補助にもなります。

　ところで、お気付きの方も多いと思いますが、ハイドン、モーツァルト、ベートーヴェン、リスト、ブラームス、ラフマニノフ、スクリャービン、プロコフィエフなど、自らもピアニストである偉大な作曲家たちの多くは、作品の中で、ペダルについての指示をほとんど、あるいは全く書き記していません。例えば、A. スクリャービンのピアノソナタの演奏では、非常に高度な「卓越した」ペダル奏法が必要になります。しかし、彼自身がペダル使用の指示を書き込んだのは、いくつかの「非常に特殊な音の効果」を必要とする箇所だけに限られているのです。このような例が多い理由は、作曲家たちが、彼らの作品を演奏するピアニストに「良い」プロフェッショナルな教育と共に、優れた音楽的・美的感覚も備えている「はずである」ことを期待・想定していたからだろうと思われます。

　私の見解では、このことは困る面と、その反対の良い面との興味深い「有用な」パラドックスをはらんでいるようです。なぜなら、このように多くのピアニスト兼作曲家たちが楽譜の中に「ペダルをほとんど、または全く記さなかった」という状況は、ピアニストに、その曲でのペダルの使い方を「作曲家による解答に頼らずに」「自ら考えねばならない」という課題を強いるからです。それは、その楽曲が「どのような性格の」もので、それを表すには「どのようなタイプの」ペダルを「どこで」使う必要があるのか、といった問題です。そしてこのような「クリエイティブな考察」は、ピアニストが楽曲をより深く理解するための助けになる、と私は考えます。ハーモニー、フレーズ、アーティキュレーションなどについて考察

し「音楽のロジック」＝構造と「意味」＝内容を読み解いて、実践的な解決法を自ら発見する必要に迫られるからです。そこからさらに、音楽とペダルの働きについてのより「根本的な」理解と、そこから発する「より深い」クリエイティブでアーティスティックな発想力・考察力という、ピアニストの音楽家としての一歩先への発展をも助けることになるのです。

# 3　解釈と条件から導かれるペダルの用法の多様性

「『唯一の』『正しい』ペダルの使用法というものは存在しない。」
（G. ネイガウス）

　ある同一の楽曲を異なったアーティストが演奏するとき、各々の固有の解釈とアイディアに従い、互いに全く異なったペダルの使い方をするということは可能です。具体的な例としては、F. ショパンのソナタ第2番の終楽章や、S. プロコフィエフのソナタ第7番の終楽章におけるペダリングなどが挙げられます。同様の例が、A. スクリャービン、S. ラフマニノフや他の作曲家たちの多くの作品でも見られます。これを「異なったピアニストによる、異なった解釈に従った、異なったペダルの使用法」の原則、と名付けられるかもしれません。しかしながら、このペダルの踏み方の多様性は、演奏家の音楽的なアイディアや「意図」によるだけではなく「技術的・身体的な」能力——指の運動のスピード、発音やアーティキュレーションの技術、イントネーションの付け方、レガートのやり方、ペダルを使いこなす能力など——にもよるものです。
　それでは一体、正しいペダルの使い方とはあるのか、また、あるとしたらそれはどういうものなのでしょうか？　それは、いかなるペダルの使い方であっても、もしそれを採用したピアニストの考え方が「ロジカルな」解釈によるものであり、作曲家の意図の理解に基づいた「演奏家のアイディア」を表現する助けとなっているのであれば「当を得ている」「正しい」

ということができるのです。もちろん、全ての第一級レベルのピアニストは、楽曲に込められた「作曲家の意図」を表現するための「独自の音楽的なアイディア」による「個性的な」ペダルの使い方をしています。

　ここで、すでに楽譜に記されているペダル記号について、一つ大事な点に触れておきたいと思います。それは、作曲家自身によって正確に書き込まれた例を除き、楽譜に記されたペダル記号はほとんどの場合に不完全で、また単に慣習的な用法に従って書かれていることが多いということです（プロフェッショナルなピアニストはもちろん承知していることですが）。また、ペダル記号がどのような箇所に記されているか、という点に注意を向けてみると、面白いことに気が付きます。誰にとっても「いつ、どのようにペダルを使ったらよいか」が明らかであるような、比較的「シンプルな」箇所にはペダル記号があるのに「より複雑で判断の難しい」箇所、まさにペダルについての指示がぜひ欲しいような箇所に限ってほとんど空白である、ということがよくあるのです。このような「傾向」の唯一のロジカルな説明として考えられるのは、複雑なペダリングの課題への解決が必要とされる箇所で、演奏者に「どのようなタイプのペダルの用法を勧めるべきか」を、校訂者は恐らくご存知ないのではないか、ということです。したがって、ピアニストや指導者は、楽譜に印刷されているペダル記号をそのまま頼りにせず、常に様々な考察と試行によって独自のペダル用法を見つけること、また生徒のためには、それを楽譜に書き込んであげることが必要になるのです。

　もう一つ挙げておきたいのは、偉大なピアニストが校訂している版のペダルの記述についてです。これらの版において、偉大なピアニストたちは独自の解釈と美的感覚に従って、しばしばペダルや、あるいは作曲者の書いた音符をも含むテキストを変更していますが、これらの処置が必ずしも「正しくない」場合が見られます。その理由は、彼らが専ら独自の「好み」による判断で、作曲家の意図した「意味」を変更してしまっている場合があるからです。このようなことから、ピアニストにとって大事なことの一つとして、校訂者によるペダル記号の記述について「十分批判的に、非常に注意深く考察する」ことが望まれるのです。

# 4　ペダル用法の現状と可能性

　私がリサイタルやレッスンで、コンサートピアニストやピアノの学生の演奏を聴くときに、演奏者のペダルの用法の「タイプ」により、その人が音楽をどのくらいよく理解しているのかを見て取れることがしばしばあります。その人が「音楽」を聴き、その曲の「意味（スタイル、ハーモニー、アーティキュレーション、フレーズ、メロディーラインなど）」を理解しているかどうかが、ペダルの使い方に出ているのです。現状では、かなり多くの演奏者が「いつ」「どのように」ペダルを使うかという原則を知識として持っていないようです。また、あるピアニストがなぜそのようなペダルの使い方をしているのか、そのロジックと「意味」が非常に理解し難いような場面もしばしば見受けられます。

　なぜこのようなことになるのかというと「意味をなさない」そして「音の響きのコントロールができていない」ペダルの用法は、楽曲への理解の助けにならないだけではなく、むしろその曲の作曲者の「音楽のロジックと意味」（アイディア、感情、リズムやフレーズの成形）を、積極的に壊してしまうことになるからです。このことは重大な問題です。

　率直にいうと、私が今までに指導してきた世界各国のピアノの学生の大部分（すでに音楽大学を卒業している人も含め）が、残念ながらペダル奏法の基本的な知識を持っておらず「ペダルの役割や機能の要点」と「それによる効果の可能性」について理解していませんでした。このような場合、彼らはもちろんペダルによって、いかに全く別の次元の、時に「現実世界にはあり得ないほどの」素晴らしい音色や音楽的な「イメージ」を創り出すことができるかについて、想像してみたこともなかったのです。

　ピアニストの演奏におけるペダルの「実践」「実情」の面を取り上げてみると、ピアニストや学生のほとんどが、ほぼ常に「たった二種類のペダルのタイプ」のみを使っているのが観察できます。それは、1)「同時」つまり単音や和音の発音と同時にペダルを踏む（響きを豊かにする）用法と、

2）「遅らせた」「あと踏み」つまり二つの音や和音を繋（つな）げて「音の流れ」を作るための用法（主にレガートを途切らせないように音を繋げる、あるいはフレーズのイントネーションを作りたいときに使われる）の二種類です。

　しかし当然ながら、真に高度な「アーティスティックなペダル」とは、たった二種類ではありません。ペダルには本来無限の種類と用法があり、それをいかに使いこなすかはアーティストの知識、才能と美的感覚にかかっているのです。


# 5　ペダルのタイプとその習得段階について


　この章の中で、ペダルの全ての種類、観点、使い方のスタイルなどについて述べることはもちろん不可能です。これは独立した本一冊分に匹敵する内容ですし、ピアニストのプロフェッショナルとしてのレベルが高くなればなるほど、ペダル奏法のタイプもより細分化されて無限に増えていくからです。また、すでに述べたようにこれらの全ては、実地の場で、演奏家の各々の個性に従った「個人的な」応用をする必要があります。「ペダル奏法」はまた、ある意味「魔術」にも似ているため、言葉により「全てを記述する」のは本来不可能なものなのです。しかし、実際のレッスンで、ペダルについての具体的な知識と使いかたを個々の「生きた」実例に関連付けて示すことによって、生徒に「伝達する」ことはもちろん可能です。

　ここでは記述可能なことがらとして、世界各地においての「プロフェッショナル教育」の経験に基づき、ペダル奏法の指導と学習の「プログラム」を、一つのモデルとして試みに記してみたいと思います。音楽学校・スクール（高校以下程度）から音楽大学へ、さらには大学院あるいはアーティスト養成のための特別講座ともいうべき上級レベルまで、段階を追って習得する内容を記してみます。高いレベルの教育を受けたいと希望しているピアニストの方には参考になるかもしれません。

　ところで、プロフェッショナルなピアニストが多くの場合に使う簡潔な「プロの用語」がありますので、ここであらかじめ定義しておきます。例えば「クリーンなペダル」あるいは「濁ったペダル」といった具合です。これらは「良い」「プロフェッショナルに使われた」ペダル、あるいは「良くない」「プロフェッショナルでない」ペダルということを意味します。以下の記述においても、その意味でこの用語を使うことにします。

## 第一段階：音楽学校・スクールのレベル

### ペダリングの基礎の理解と習得
- 「同時」に踏むペダルと「遅らせた」「あと踏みの」ペダル
- メロディアスな楽曲でのペダル
- ポリフォニーの場合のペダル
- 楽曲のスタイルとペダルの使い方についての初歩的な知識
- ペダルの迅速な踏みかえ方
- ペダルを「徐々に」上げていくやり方
- 「クリーンな」ペダルと「濁った」ペダル：それらの耳によるコントロール
- 「クリーンな」ペダルのための正確なペダル用法：切れ、踏みかえ、テンポに合わせた踏み方のスピードなど
- 左のペダル（una corda）について

## 第二段階：音楽大学のレベル

### ペダル奏法における諸問題の理解と実践
- 楽曲のスタイルとタイプによるペダルの使い分け方の、より詳しい理解と習得
- ピアノ曲の中での「オーケストラの音色」や特殊な音の効果を作るペダルの用法
- 楽曲の「音楽的な形」「感情」「感覚」などの表現を創出するためのペダルの役割

- ペダルを使った場合（con pedal）と、使わない場合（senza pedal）での音色のコントラストの役割の理解
- ペダルの上げ方の正確さと、そのために注意するべき点の理解

## 第三段階：大学院生、高レベルなピアニストのためのプログラム

　ここで挙げるのは、大学院生への指導や、高レベルなピアニストのための特別なアーティスティックな講座といった領域での「プログラム」です。しかし、これらは才能ある生徒のための特別な音楽学校などで、また例えばキーシンのような個々の特別に才能ある生徒への英才教育の場合には、年齢に関係なく指導され得るものです。

- 楽曲のテキスト内容と正確に一致させてペダルを使うこと
- ペダル使用（con pedal）とペダルなし（senza pedal）のコントラストを実際に細かく使い分けること
- 作曲家により書き込まれたペダル記号に対する考察ができること（書き込まれたそのままで実際に良い効果が得られるかどうか）
- 「ヴィルトゥオーゾ」「名人芸」に属する、高度なペダル用法の習得（1/2 ペダル、「ノン・レガート」ペダル、「スタッカート」ペダルなどを含む）
- 「接続」のためのペダルと、「分離」するためのペダル用法の習得（フレーズの区切り、休符、音楽的なブレスなどを表現するために）

## 「特別講座」として

　西洋音楽史上の時代別・国民的な文化の違いや、作曲家の個々のスタイルに基づいたペダルの用法をより詳しく理解し、状況に応じ使い分けます。

- 様々なスタイルによるペダルの用法：多声音楽、古典派、ロマン派、

印象主義など

- 国民的・民族的な文化の違いに基づいた音楽様式によるペダルの使い分け：ドイツ、フランス、ロシア、日本、南米の音楽など
- 作曲家の個々のスタイルに基づいたペダルの使い分け：バッハ、モーツァルト、ベートーヴェン、シューベルト、シューマン、ショパン、リスト、ブラームス、ドビュッシー、ラヴェル、ラフマニノフ、スクリャービン、プロコフィエフ、アルベニス、武満など

# 6　ペダリングのテクニックの問題を解決するには

　前述のように、ペダルのテクニックについて文章だけで説明することは不可能ですが、ペダルのテクニック上の諸問題について、いくつかのアドヴァイスを提供することは可能です。

　まず「プロフェッショナルな」「良い」ペダルのテクニックを身に付けるうえで起こる様々な問題の主な原因は、ピアニストの生理学的な面の問題にあるということができます。なぜかというと、演奏者の「脚」と「足」の筋肉、またその内部の「微細筋肉」が緊張し、固着することによって滑らかに動けない状態になると、意図したようにペダルを使うことはできないからです。そうなると、そのピアニストはペダルを踏む、上げるなどの全ての動作において、いくらコントロールしようとしてもほとんど常に「良くない」「プロフェッショナルでない」そしてタイミングに「正確でない」という結果に陥ってしまうのです。ペダルの技巧を身に付け使いこなせるようになるためには、脚・足の全ての筋肉が柔軟に、繊細に「よく」働くことが必要なのです。（このことはロジックで理解できると思いますが、この問題の実践法は非常に特別な研究領域に属するということを併せて指摘しておきたいと思います。）

　脚、足および足の指の筋肉は、常に自在に動かせる柔軟な状態であることが必要なので、決して緊張し固まったところがないように、よく「感じ

る」ようにします。ペダルは単に「押す」というだけのものではなく、鍵盤のタッチの場合に「指先でつかむ」のと同様な使い方をすると、音にそのとおりの効果を出せるものなのです。ペダルへの柔軟な接触を感じるように努めること、そしてペダルを「踏む」「タッチする」という瞬間の感覚を、指でのタッチと同様に感じ意識することが大切です。ペダルは、強く硬い力で「押す」必要はありません。ただし例外として、楽曲の特殊な性格が「硬質な」ペダル奏法を求める場合（例えばプロコフィエフ、ストラヴィンスキー、シェーンベルク、バーバーなどの曲の中の特定の場所などで）はもちろんあります。また、ペダルを「上げる」ときに、足の「指」（ペダルとの接触部位）を、ペダルから離れた非常に高い位置まで上げる必要はありません。ペダルは、足の下方向への「押す動き」を止めるだけで初期の位置に自動的に戻るようなメカニズムを設定されているからです。

ペダルは、楽曲の中で作曲家の指示や演奏家の判断により「ペダルを踏む」「上げる」と決めたタイミングに厳密に、正確に、かつ「迅速な動作で」また楽曲のテンポに合わせたスピードで稼働されなければなりません。これは演奏の場だけではなく、練習時にも常に心掛けることが大事です。通常の場合、この「タイミング」や「スピード」は、ペダルの記述がない場合でも、常に楽曲の中の各箇所で求められる内容に即して決定するべきですが、特殊な「音の効果」や「音響による色彩」を狙った作曲者自身による書き込み——例えば「ゆっくりと上げる」など——がある場合には（特にドビュッシー、スクリャービン、メシアン、武満などの作品において）、作曲家の「アイディア」「意図」を読み取ることが重要です。

ピアニストは、指によるタッチ——つまり「鍵盤への接触」と、足によるペダルへの「タッチ」との間の「同時」かつ「連関した」働きを感じつつペダルを使わなければなりません。この種の動作は、聴くことによるコントロールと、体の感覚によるコントロールの両方の、同時かつ連関のもとにおいてなされることが必須であり、また同時に体の全ての部位の感覚が繋がりを持ち、シンクロナイズされて使われなければなりません。

「精神——身体相関的な運動能力」「心理——生理的な身体能力」である「筋肉の技能」つまり「アーティスティックなテクニック」は、徐々に発

達していくものです。上記のような「連関した」テクニック・コントロールは、初めのうちは非常に難しいものです。それでも「聴く」コントロールと、指、手、足の動きへの「体の」コントロールに細心の注意を向けながら試みていくと、ほどなくして全ての動作が「自動的に」働き始めるようになります。その後、ピアニストは「聴くコントロール」と「精神運動」的な身体・筋肉の反応との繋がりを、あたかも第二の本能のように身に付けていきます。これらはプロフェッショナルな演奏ができるようになるために必要とされる段階です。このプロセスを経て（ペダル奏法の場合には）、足の筋肉が非常に「敏く」なり、まるで足自体が音を直接聴いているかのような反応（アーティスティックなテクニック）ができるようになるのです。

## 7　ペダリングの実践上のポイント

実践上のアドヴァイスとして、ペダルを使うときの技術的な面でのポイントを整理してみたいと思います。

ピアノを演奏するとき、上体全体と手は、鍵盤の上を左右方向に自在に動ける、動くことが必要ですが、そのためには足（主に左足）は「足・脚の支えとなる地点」に固定します。ペダルを使う側の足も踵は常に床につけて支えとし、床から離れて空中に浮いてしまうことがないようにします。踵は「土台」「支え」として常に床につけた状態を保ちます。この支えが脚と体の基盤を作り、体全体のあらゆる筋肉の柔軟で自在な動作を可能にします。

右の足先は裏側をペダルに接し、常にコンタクトを保つのが望ましいです。物理的に足先がペダルから一時的に離れることがあったとしても、感覚的な「コンタクト」が持続しているのが良い状態です。これは、足とペダルが「一体化」し、一つのシステムとなったかのような状態であるといえます。ペダルを「踏む」「タッチする」のに使うのは足指を含めた足先（約 1/3）の部分です。この部分でタッチすることにより、ピアニストはペ

ダルのコントロールを正確に行うことが可能となります。

　ペダルを踏むとき、股関節から足先までの脚と足は一方向に向き、また全体を「一体」「一つの流れ」として感じ、柔軟に使うことが大事です。このとき、膝や足首を左右方向に極端に曲げるなどしてしまうと、淀みないエネルギーの流れが妨げられるので気を付けます。また、脚の付け根と上半身が固着し、ペダルを押下するために身体ごと前に押すような動きにならないように注意します。上半身はペダルを踏む操作とは独立し、あくまでも自在に動けることが必要です。

　前述したように、作曲者が特別に指定している場合や楽曲の内容から求められているケースを除き、ペダルを叩くようなハードな踏み方は必要がなく、また体全体に硬さをもたらすので避けた方が良いです。

　また、ペダルを上げるときにも、前述したペダルの機構から、足先をペダルから離れるほど高く上げる必要はありません。ペダルとのコンタクトを十分に身に付けた方は、足先の感覚で「ダンパーが下りて弦と接触するポイント」を可能な限り感じ取るようにすると、ダンパーが弦に衝撃をもって落ちる（雑音が起こる）のを避けることができます。

　全ての動作において、できる限り筋肉の緊張・固着を避け、常に柔軟で楽な状態を保ち、自在な動きができるように努めてください。もしもペダルを使っているときに脚と足の筋肉の体系が緊張している場合、あるいは不必要に押し付けるような、固着した状態である場合、ペダルの操作が自在にできないだけにとどまらず、この固着が全身に影響を与えてしまい、腕や手、指を含む全身のあらゆる部分が緊張し、固まり、柔軟に使えなくなる原因となります。なぜなら全身は一つのシステムとして全ての部分が繋がり合っていて、各々の筋肉同士も繋がっており、それらが互いに影響を与え合い、働きかけ合うからです。

# 8　足・踵のペダルに対する向きやポジションについて

　学生がペダルを使うとき、踵から足先にかけての向きが、ペダルと平行ではない「ずれた方向」に向いているパターンや、向きは平行であったとしても、ペダルの右端や左端に寄った「ずれた位置」で踏んでいるというパターンが、日本では非常に頻繁に見られます。この理由は、日本人の大部分が、非常に柔らかい筋肉と、極度に可動性のある体の構造を持つ傾向を遺伝的に受け継いでいるからだといえるでしょう。そのため上記のように、あらゆるあり得ないような「不合理な足のポジションや向き」をとっていても、本人はそれが問題であるとは気付かず、ごく自然な状態だと思い込んで、改善させずにそのままのポジションをとり続けてしまうのです。似たような体の構造を持った学生は、非常に稀にヨーロッパにおいても見たことがありますが、主にアジアと南米で多く見受けられます。

　「足・踵のペダルに対する間違った向きやポジション」には、実は非常に大きな問題をもたらす危険があります。本来「椅子に接している臀部と床に接している踵を繋ぐライン」が、ピアノを弾く際の「体全体の支え」の「軸」として安定していると、上体は自由に動かせるものなのです。しかし、踵から足先への方向が曲がるなどして、この軸となるラインがずれると支えの基盤が不安定になるので、上体はバランスを保つことが難しくなります。すると、安定を得ようとしてピアニストは身体のどこかを無意識に固め、結果として上体を自在に動かせなくなり、鍵盤の最下音から最上音までを使って滞りなく「流れるような」演奏をすることができなくなってしまうのです。このような、臀部から踵へのラインという軸が安定しないという状態は、身体のどこかが固着するため、上体の左右方向への動きを妨げるだけではなく、身体の全てのパーツ同士が働きかけ合う関係も損ないます。その結果として、自在で卓越した演奏をすることができなくなってしまうのです。この問題点については、私の今までの教育活動を通して、いかなるピアノメソッドにおいても触れられているのを見たこ

とがありません。しかし、このことは演奏全体に関わる重大な問題なのです。

# 9 　左ペダル（una corda）の機能と使い方の問題

　左側のペダルには、una corda・弱音ペダル・ソフトペダル・シフトペダルなど、国によっても様々な呼称がありますが、この本の中では左ペダル（left pedal）という呼び方で統一します。

　左ペダルは、その機能から来る「特殊な音の効果」のためのもので、音を *p* や *pp* にするためのものではありません。そしてこのペダルは、基本的に作曲家が指定した箇所でのみ使うべきものです。しかし、ピアニストが「意図した音質」を指で作るための、高い水準の教育（良い教育）を受けていない場合、*p* や *pp* が記してある箇所で「まるで決まりのように」弱音ペダルを使っている場面がよく見受けられます。これは、そうしたピアニストたちが多くの場合、左ペダル、すなわち「アクション機構（鍵盤とハンマー）の移動」という機械的な作用の助けを得ずには *p* や *pp* で演奏することができない、ということを示しています。しかし、このことは実は「危険な」状況です。左ペダルを踏むと、アクション機構が右側に寄せられ、ハンマーは 3 本の弦の内 2 本しか打ちません。そのため、全ての音が響きを抑えられて「機械的に」聞こえ、音楽演奏の中で音色、抑揚や強弱などがまるで「表情のない」ものになってしまうのです。

　結果的に「*p* や *pp* で左ペダルを踏む」ピアニストには、*p* や *pp* で「感情的にダイナミックな」抑揚、深い音と音色、表情豊かなクレッシェンド・ディミヌエンドなどを付けることが非常に難しいだけでなく、「ほとんど不可能」になってしまうのです。これは、左ペダルを踏むことによって 2 本の弦しか使われないために、弦同士の共振動や、グランドピアノの蓋の木の振動による響きの豊かさの十全な価値を故意に「抑えた」状態になる、ということから理解できます。この状態では、ピアノの音は「エネ

ルギー」や「生命力」を減らされるだけでなく、奥行きや深み、細やかな
変化の度合い、音色の繊細なニュアンス、表情豊かなイントネーションに
欠けるという結果に結びついてしまうのです。また、仮に狭い室内や小
さなサロンであれば、抑制された表現でありながら（音そのものは）聴き
手に十分に届いたとしても、中～大ホールの音響では「物理的に伝達不可
能」である場合が往々にしてあります。このことについても注意を促して
おきたいと思います。

　左ペダルを使うことについて別の観点から見てみると、ある箇所を「$p$
や $pp$ で弾くために左ペダルを使う」という選択は、非常に「簡便・簡易」
で「シンプル」な手段のように思えるかもしれません。もしそれで解決す
るのであれば、ピアニストは「音質・音色を作る」テクニックを得るため
の高いレベルの教育を受け、学ぶ必要はないからです。しかし、この「解
決法」は、真にアーティスティックな結果をもたらしてはくれません。な
ぜなら、表現が音の抑揚や色彩に乏しい、モノトーンで平板な、面白みの
ないものになってしまうからです。もし、ピアニストが「音色を作る」テ
クニックを持ち合わせているなら、$p$ や $pp$ の中でも、無限の段階を持つ
強弱の表現、音の深みや奥行きといった繊細な違いを使い分けることがで
きるので、単純に「常に」左ペダルを使う必要はありません。もちろん、
タッチの繊細な使い分けは非常に難易度の高い領域に属する技術ですの
で、そのためには高いレベルのプロフェッショナルな教育が必要です。そ
れを身に付けることによってのみ、$p$ や $pp$ での、素晴らしいアーティス
ティックな音色とダイナミックな効果を実現することができるのです。そ
して、繰り返すようではありますが、「$p$ や $pp$ で弾くために」「必ず」左
ペダルを使う必要は全くありません。$p$ や $pp$ は指の「タッチの」テクニッ
クによって表すことができるものだからです。

　ただし残念ながら、ピアニストを取り巻く現実において、時に $p$ や $pp$
のために止むを得ず左ペダルを使わなければならない例外的な状況もあ
る、ということにも触れておきます。それは、非常にコンディションの悪
いピアノや、音響に問題のあるコンサート会場などで演奏しなければなら
ないなどの演奏環境の事情により、非常に静かな $pp$ を出すことが、左ペ

ダルを使わないと不可能な場合です。

　ここまで述べた点について一例を挙げてみます。L. v. ベートーヴェンのソナタ作品 31-2 の緩徐楽章 Largo における *p* と *pp* を演奏する場合です。通常、多くのピアニストはこの楽章の *p* や *pp* で左右両方のペダルを使って演奏します。しかし、興味深いことに、ベートーヴェン自身はここで una corda 使用の指示はしていません。また、144 小節目〜の、*p* で弾かれる旋律と、155 小節目〜の、*pp* で演奏される旋律の両方に、con espressione e semplice で演奏するようにと、ベートーヴェン自身の手によって指示を書き込まれています。このことから、二回目に出てくる *pp* の旋律にも表情の豊かさを求められた、作曲者自身の意図を理解することができます。あらゆる「音質・音色を作る」テクニックを持ったピアニストは、この楽章で、右のペダルのみを使って、指のタッチにより *p* で、またしばしば *pp* でも、深く豊かな音、イントネーション、音色、表情豊かな強弱を表現しているのです。（もちろんコンサート会場のピアノがある程度以上の良いクオリティを備えている場合ですが。）例えば E. ギレリス、G. ソコロフ、P. セレブリャコフ、また他にも多くのピアニストたち、その中には私の指導法を身に付けた生徒たちの多くも含まれます。


# 10　左ペダルに関する記述法の問題点


　楽譜の中で、作曲家による左ペダルに関する記述法は、専門用語としての使われ方が不統一であるため、様々に不適当な解釈がなされているという問題があります。作曲家の側でも、作品の音楽的な意図を演奏者に理解してもらうために、*p* や *pp* などの記号の他に、言葉やイメージなどを書き込んでいる場合が多々あります。私たち演奏者は、これら作曲家の意図の全てを読み取り、「正しい理解」に基づいて解釈を決め、「どんなタイプのペダル」を「どのように使うか」について判断しなければなりません。

　作曲家たちには、様々に異なった時代様式、スタイルがあります。また

各国の言語による言葉の使い方の慣習により、それぞれに異なった言葉を用いて「文章による表現」をしています。作曲者による記述の中には、ペダル記号ではなく曖昧《あいまい》な言葉を使って「音楽的なアイディア」を指示している場合もあるため、厳密には「どのようにペダルを使ったら良いのか」が演奏者にとって不明であるケースも頻繁にあります。このような事情から、ペダルに関する「記述法や解釈について」の問題だけでも、複雑で興味深い、特別な研究テーマになり得るといえましょう。しかし、古典派の作曲家たちは、比較的より正確で、決定的な記号や「言葉による指示」を使っているといえます。

　ここで、歴史上最も早くペダルを使うための記述を楽譜に書き込み始めた作曲家たちの一人である L. v. ベートーヴェンの曲で「ペダルの記号と述語の使い方」のほんの一例を挙げてみます。よく知られたピアノソナタ作品27-2「月光」の第一楽章です。この楽章は学生によって、左ペダルを使って演奏されている例が非常に頻繁に見られます。しかし、ベートーヴェンがここでペダルについて何を書いているかを読み取ってみましょう。

　まず、冒頭に書いてある指示が “......tutto questo pezzo delicatissimamente e senza sordino”、また曲の始まりでもう一度 “sempre *pp* e senza sordino” です。

　“senza sordino” は（この時代の楽器のペダルの名称などからも知られているように）「ダンパーなしで」すなわち「右のペダル（今日の）を使って」の意味であり、よく誤解されるように左ペダルに言及したものではありません。

　当時、今日の左ペダルにあたるものは una corda（「一本の弦で」という意味）と呼ばれており、ベートーヴェンが左ペダルを指示する場合は一貫してこの語を用いています。当時の楽器では「una corda ペダル」＝「一本の弦で」というものでした。現代のピアノでは、左ペダルを踏むと実際にはハンマーは二本の弦を叩くので、「一本の弦で」は厳密には間違いなのですが、後の作曲家たちの多くも「慣習的に」当時の名称を「左ペダル」の意味で使い続けているということになります。「左ペダルを上げる」「左

ペダルなしで」は、"tre corde" つまり「3 本の弦で」という記述法で指示されます。ということは、ここでのベートーヴェンの指示は「一曲を通して非常に繊細に、そして右ペダルを使って」また「常に *pp* で、そして右ペダルを使って」であり、ここに左ペダルの使用の指示は一切されていないのです。「左ペダルの使用は una corda によって指示されるのである」ということに、もう一度注意喚起しておきたいと思います。（※上に述べましたように、違った時代様式や言語習慣においては違う用法もあり得ます。）

# 11　高度なペダルのテクニックについて

　多くのピアニストは、ペダルを「聴く」コントロールによって使うものだと考えていますが、聴くことだけが全てではなく、また十分ではありません。もちろん、音・音質のコントロールにおいて、聴くことは「第一」であり、非常に重要です。しかし、それだけに頼っていては、ペダルによる音・音質の創出を高度なクオリティで実現することはできません。

　「聴くこと」によってコントロールできるのは、楽曲の「イメージ」や、音の「アイディア」といった側面に限られます。「聴くこと」により、ペダルを使って創り出した音の「結果」が良いかどうかを確かめることはできます。しかし「聴くこと」によっては、物理的に実際に「ペダルを踏む」ことはできません。それは足の筋肉を使ってなされることであるからです。足の筋肉の仕事は、ペダルを踏む・上げるというだけの単純な操作を司るにはとどまらないのです。ですから、ピアニストがプロフェッショナルであるためには——つまり、この場合には「あらゆる場面で求められる様々な表現にふさわしい細やかなペダルの操作を瞬時に行えるようになる」ために「聴くコントロール」と「足の筋肉の物理的な動作」との間を最もよく接続するような「脳内ニューロン」が作られなければ難しいでしょう。そのためには体の「精神〜身体相関的な」動作の過程により一層の注意を向け、その繋がり（アーティスティックなテクニック）を、生涯を

通して常に磨いていくことが必要になるのです。

　ここで「聴くコントロール」と「足の筋肉の物理的な動作」との繋がりについて、もう少し掘り下げてみます。まず、ピアニストが「聴くこと」によって「意図した音で演奏できているかどうか」を、あたかも直接にコントロールできる——「筋肉の反応」というものがあります。この「筋肉の反応」が自動的に働くようになったとき、ピアニストは「聴くこと」と「筋肉の反応」との間に「本能的な」「精神〜身体相関的な」繋がりを作ることが可能となります。そこで初めて「聴きながら」「このように表現したいと望むこと」を、足の筋肉の動きを使って物理的に実現できるようになるのです。この状態に達するとピアニストは「直感的に」「無意識に」「本能的に」また「自動的に」足の筋肉の反応を起こすことができます。それはアイディアが音になっているかどうかについて「聴く」というコントロールを基にして「ペダルを踏む」そして「ピアノを弾く」という「身体的活動」をしている状態です。するとピアニストは、足が独りでに「聴き」「判断し」「ペダルを踏む」という働きを始めたかのような逆説的な感覚を持つようになります。この領域に至ったピアニストは、胴体、手、腕、脚と足などを含め身体全体を一体として、一つのシステムとして感じているはずです。このような卓越した領域に至った「高度なペダルのテクニック」と、身体全体の一体性——「統一された身体システム」を、多くの高レベルのプロフェッショナルなピアニストたち、そしていうまでもなく全ての偉大なピアニストたちは身に付けているのです。

　この章の締めくくりとして、次のように述べておきたいと思います。もし、ピアニストが以下のような問いを発するようになり、よく考察するようになったとしたら、それは非常に貴重な、望ましいことです。

　「私のペダルの使い方は、自分が求める表現への正しい答えとなっているか？」

　「私が今実行しているペダルの使い方は、この楽曲の音を『より良いものに』し、『楽曲が求めている音色を創り出す』助けになっているだろうか？」

　「今、自分が演奏している音楽を本当によく『聴いて』『聴けて』いるだ

ろうか？」

　「どんなタイプのペダルを使ったら、作曲家の意図する音楽を表現する助けになるのだろうか？」

　なぜなら、よく知られているように、いかなる認識と知識も、問いの「正しさ／本質性」と「深さ」から始まるものであり、そして「問い」こそが全ての要となるものだからです。「答え」というものは、「正しく深い認識」と「知識」という道筋を通って、徐々に自ずから訪れます。もしかしたら、「そのとき」に得られる答えは、ほんの一滴だけかもしれません。でも、その一滴が次への手がかりとなるのです。「問い」による一歩を始めない限り、道そのものが開かれることはないのですから。

# 第6章

# ピアノ教育における師弟関係

# 1 日本人のメンタリティーとピアノ教育

　ピアニストの専門教育を含む、あらゆる人格・人間への教育は、師弟が互いに働き掛ける作用の過程に沿って成されていくものです。この場においては、教師と生徒の「文化的な」「その国民に特徴的な」メンタリティーというものが、実は非常に大事な意味を持ってきます。例えばそれは、日本人における「社会的・文化的な遺伝」とでもいうべき、特徴的な性格のことです。この、教師と生徒の国民的気質は、アーティストとしてのピアニストの教育の「タイプ」「方向性」を大きく定め、現場での個々の教師と生徒の間の相互作用の在り方を方向付けます。殊に日本人の多くの生徒がこの状況に影響を受けています。ですから、もし我々指導者が、日本人の国民的メンタリティーというべき特有の性質や社会心理に焦点をあてて十分な考察をするならば、プロフェッショナルなピアニスト・アーティストの教育において高い水準の成果を上げるために非常な助けになるでしょう。

　例えば、多くの日本人は、他者からの評価をとても気にするという傾向があります。かなり多くの人が社会生活の中で良いとされているような、いわゆる「世間一般の基準」から外れることを恐れているようです。自分で思考し物事の本質を捉えるということを避け、無意識のうちに大多数の人の価値観に自身の価値観を合わせてしまうという、思考のパターンが形成されているようにも見受けられます。

　古くから続いてきた歴史的背景の中で、日本人には「権威を持つ（と見なされる）者の命令（意向）には必ず従わなければならない」という考え方と行動様式が受け継がれてきました。また、本心を露わにすることは「慎みがない、見苦しい」とされ、たとえ心の中では怒りに震えていたとしても、周囲に悟られないように笑顔で振舞うことが美徳とされてきたような風潮もあります。社会生活においては「本音と建て前」といわれるように本心を見せないことや、決められたルールを守ることが必要な場面も

あります。世間で「こう在るべき」とされていることに従って行動するという日本人の気質は、社会生活を安全に円滑に送るためには必要なことでもあります。

　しかし一方で、そのようなあり方は芸術活動とは全く相入れないのです。「他人と同様の」標準的な芸術作品を創る、あるいは、ピアノを「平均的な」解釈によって演奏するというようなことはあり得ません。一つひとつの「パフォーマンス」「演奏」は、互いに異なった、種々多様なものであるべきで、他のものとは全く似てはいない「唯一の」個性的なものであるべきなのです。演奏家、アーティストは、音楽に対する「自分なりの」姿勢、作曲家の音楽作品への独自の解釈を見出し、「自分の」個性を表現する自由を持たなくてはなりません。聴衆の心を捉えるには、アーティストは芸術表現の中に才能を昇華させ、聴衆にそのユニークな才能を持つ人格の本質による「アート」を届けなければなりません。才能は独立した個性を必要とし、そのためにはもちろん「心」が自由であることが不可欠です。芸術においては「皆と同じように」考えたり感じたりする必要はありません。アーティストに必要なのは彼だけに固有な「顔」や、独自の音楽の解釈なのです。そして、その才能がより高い高みに達し、より深い深みに達し、独創的であればあるほど、聴衆にとってはより面白く、より価値の高いものになるのです。アーティストが表現するとき、アーティスティックな感情、イマジネーション、そして独自の深い音楽解釈などのどれにおいても、硬直した限界を設けてはなりません。アーティストが、演奏においてアーティストして十全な表現力を持つには、心が何者かによって縛られたり押さえつけられたりする状況にないことが必要です。心が自由でなければ、いくら素晴らしいピアノ演奏のテクニックをもってしても、芸術的な目標を実現することはできません。

　結論としてまとめてみましょう。たとえ特別な才能ある者といえども、社会においては一般常識や規範、規則に従って行動しなければなりません。しかし、芸術においては、才能は自由であらねばならず、アーティストは独立した心と独自の考え、個性的な人格を持たねばなりません。

# 2 師弟間の相互関係

　ピアニストへのいかなる教育メソッドにおいても、ピアニストに最高の
芸術的成果をもたらすために、プロフェッショナルなピアノ演奏テクニッ
クの面と並んで実は大変重要な大きな側面があります。それは、指導者と
生徒間の相互作用における様々な心理的側面と、師弟間における「倫理基
盤」です。

　教師と生徒の間のコミュニケーションで、あるべき最善の流儀は、相互
に交流を持ち、友好的に——優しくであれ、厳しくであれ——「建設的に」
礼を失することなく節度を保って話すというスタイルです。そして、高い
教育的効果を生み出すためには、クリエイティブな雰囲気でコミュニケー
ションを取ることです。もしも生徒にとって厳しい内容となる指導を行う
ことが必要な場面でも、悪い部分だけを取り上げて指摘するのではなく、
前回のレッスンから見て良くなったところに目を向け、改善されていると
ころ、生徒自身が発見し、自ら工夫して学習してきたことなどを指導者が
認め「良くなった」「良いところに気が付いた」といった言葉をかけてあ
げることが大切です。たとえその段階では未熟な面があったとしても、時
に応じてなにかしら「このような箇所は良くなった」「私はその改善に気
が付いた」「生徒の成長が見られる点がある」といった言葉を伝えること
が大事です。そして、生徒にとって「厳しい」「辛い」指摘をするときには、
言葉を注意深く選び、それが演奏の向上というポジティブな目的のために
必要な厳しさであることに生徒自身が納得できるように伝えます。

　また、プロフェッショナルな指導を行う教師は、ある弾き方を指示する
時には、具体的にどの箇所で、どのような音で、どのように弾くべきなの
かを説明しなければなりません。生徒はその指示の意味と目的を理解する
必要があるからです。そのためには言葉による説明だけでなく、教師が
実際にその「弾き方」を自分で演奏して見せなくてはなりません。ピアノ
音楽には様々な不文律があるので、演奏者は作曲家のスタイルに応じて弾

き方を変える必要があります。例えば楽譜上では同じ「*f*」でも、ベートーヴェンの *f*、プロコフィエフの *f*、ショパンの *f* では、それぞれの作曲家によって意図された音量や音色が全く異なります。そのようなことについて言葉を尽くして説明するよりも実際に弾いて聴かせた方が、ヴィヴィッドに理解できます。同様に、Allegro など速いテンポの指示がある楽曲においても、単純に速く弾けばよいというわけではありません。同じ Allegro でも「ユーモアがある表現」「エネルギッシュな表現」など、作曲者のスタイルや演奏する曲のキャラクターまで理解したうえで、実際に演奏するときのテンポやアーティキュレーションなどを楽譜から正確に読み取り判断できるように、非常に「具体的な」指導をする必要があります。また、生徒自身が弾くことに精一杯になっていて「実際に自分がどのように弾いているのか」を聴けていないために「聴くことによるコントロール」ができていない場合もあります。ですから、教師が生徒に教えたいこと（音質・身体の使いかたなど）を「実際に弾いて聴かせる、弾いてみせる」ことは不可欠です。なぜなら、そのような指導をしなければ「良い演奏のために実際にやるべきこと」を生徒が正確に理解することはできないからです。

# 3　ピアノ教育の心理的側面

　多くの日本人には非常に繊細で独特な感性があり、感受性が鋭く感情的にも高度に感応しやすい気質を持っています。彼らは教師や他人の前では、滅多に自らの内的な感情を見せませんが、心の内側では大きな「痛み」や大変な落ち込みを深く感じていることがしばしばあります。知性があり、賢く、繊細な生徒には、一方では音楽を深く表現できるという良い面があります。

　しかし、人一倍繊細な生徒の場合、レッスン時の教師の言動に敏感に反応し、場合によっては深く傷つき、自信をなくして萎縮することにより、

演奏表現に支障をきたすようなケースも多くあります。これは心理的な緊張が肉体（筋肉や関節）に影響し、身に付けたはずのテクニックが使えなくなるので、弾けていたものも弾けなくなってしまうというような状況です。さらには、例えば試験会場やコンサート会場で「厳格な教師の姿を見ただけで」過度に緊張してしまったことでミスを引き起こすということも起こり得ます。過去のこのような失敗の経験が、恐怖の感覚として、そのピアニストの心理に刻み込まれてトラウマとなってしまうと、その記憶が将来の本番での演奏中に「精神運動系」によって再現されてしまい、頻繁にネガティブな状況を繰り返すという結果に行き着いてしまうこともあり得るのです。

　なぜなら、過去の心理的ストレスが潜在意識の深いレベル、本能のレベルに記憶されてしまうと、精神運動の機能により「恐怖」を感じた瞬間に即座に肉体が支配され、全身の筋肉を意志に反して硬直させてしまう、ということがしばしば起こりうるからです。このような恐怖とストレスを伴う状況では、ピアニストは記憶を失う瞬間を持つ可能性もあり、演奏中に突然、次に弾かなければならない楽譜上の音、つまり暗譜を忘れてしまうこともあり得ます。

　さらには、我々は次のような「パラドックス的な」現象を観察することが時々あります。それは、教師がそこにはいない、あるいは何年もその「厳格な教師」に会っていないのにも関わらず「聴衆の前で演奏する」という「過去と共通するシチュエーション」に遭遇するたびに心理的反応のスイッチが自動的に「オン」になるという現象です。そのために、結果として「同じ失敗を繰り返すような問題を将来にわたり抱え続けてしまう」ということが起こるのです。たとえ「生徒の成長のため」という動機でなされた指導法であっても、その結果として本人が「良い演奏をできるようになる」という目標を達成できないのであれば、それは良い方法ではないのです。

　例えば教師が厳格で、生徒と話す場で常に重苦しい雰囲気を醸し出していたとします。もしそのことが原因で生徒が委縮してしまい、教師に質問さえできない、あるいは生徒自身の考えを話すことが不可能になっている

としたら、その生徒は自分の考えを持ち、教師からの教えを正しく受けとり、多くのことを理解する機会を失ってしまうことになりかねません。

　逆に、それほど繊細ではなく、むしろ自信家（自信過剰）であるようなタイプの生徒の場合は、普通に穏やかな言葉で指摘しても聞き入れられず、重要な内容であることが本人になかなか伝わらないような場合も考えられます。そのようなケースでは、教師からの指導内容が耳に入らず、本人の弾きたいように弾いてしまう傾向が強くなります。レッスンで伝えるべき大切な内容を生徒が理解できずに正しい演奏法を学べない場合、それ以上の成長が難しくなるだけでなく、将来的に「手を壊す」原因にもなりかねません。私の見解として、このようなタイプの生徒へのレッスンにおいて、彼らの成長を促す指導をするためには、少々「きつい」言葉で、インパクトのある伝え方をもって教え、教師の声や話し方の「トーン」を慎重にコントロールしたうえで、状況に応じて叱ることが必要な場合もあります。しかし、これは教育の手段として生徒を「叱る」しかないような特殊な状況下で「生徒が良い学びを得るため」に行う場合に限り有効な指導法です。


## 4　高い芸術的成果を生み出す師弟関係

　教師と生徒の相互作用について、あらゆる側面の基本的な見解を端的に定式化すると、次のようなことがいえます。

　　「悪い」教師と「良い」生徒：良くない結果
　　「良い」教師と「悪い」生徒：時には良い結果
　　「悪い」教師と「悪い」生徒：全く成果がないか、非常に悪い結果
　　「良い」教師と「良い」生徒：良い結果、あるいは非常に良い成果

　ピアノ教育の教師と学生の関係において良い成果を出せる唯一のパター

ンは、「良い生徒」が「良い教師」のもとで学ぶという組み合わせです。私の見解では、良い、水準の高い教師とは、高水準のアーティスティックなピアノ演奏を指導するために必要となる教育を十全に受け、またそれを他に伝達するやり方をよく心得た者のことです。それには音楽表現や時代による異なったスタイルなどを含む全ての面にプロフェッショナルな理解を有し、各生徒の身体的・心理的な個性を考慮し、適合するピアノ演奏のメソッドを適切に指導できるという条件も含みます。ここでもう一つ申し上げておかねばならないのは、教師は常に新しい気付きを取り入れ、認識を深め、自身の仕事の水準を高めるように努め、また音楽教育に関わる心理学的側面——生徒のみならず、作曲家や聴衆、私たちが生きる社会の——についての見識と考察も広げていく必要がある、ということです。そして現在では、ハイレベルなピアノ教育のために興味深く有用なパーソナリティに関する生理学、心理学、そして「精神身体医学」の文献や、興味深い研究も存在しています。教師の方々に、また生徒の方々にも、このような研究の報告にぜひ親しまれることをお勧めしたいと思います。

　もし、ピアノ教育において真に高いレベルの成果が実現できたのなら——それは教師の独自の仕事の成果です。それはピアノ教師による「手作りの」「アート」であり「作品」です。しかし、例えばアーティストの絵画の制作は、その絵を描いたアーティストのパーソナリティのみによるものですが、ピアノ教育というものは、教師の専門的な仕事の多くの側面が関わって「産み出す」活動でありながら、同時に生徒の人格の多くの側面や能力の特質が関わっているものです。

　非常に単純に定義付けるなら（私の見解として）「良い（あるいは非常に良い）」生徒とは、十分に深い音楽性と感受性を持ち、十分な理解力があり、アーティストとしての可能性がある人物です。彼らには「生理学的に」「自然な」運動能力と生まれつきの才能だけでなく「優れた思考力」と「学びへの強い欲求」も必要です。さらにはもちろん、より優れた演奏をするという「目的のために必要な努力」——これにはヴィルトゥオーゾ的な技巧のための身体面での能力を高めることも含まれますが——を「継続していくことができる」という条件も兼ね備えていることが必要です。

たとえ最高の教師が真剣に教えたとしても、教わった内容を生徒が吸収できなければ、高い成果を期待することはできません。また、たとえ生徒に生まれ持った才能があり、良い教師のもとで学ぶことができる場合でも、もし彼らが技能を築き上げるための適切な訓練と練習を行う努力ができなければ、やはり成果は得られません。そして知的で、自ら学び理解することができる能力と、教えを学び取る力がある「賢い生徒」もまた、学ぶべき必要のある内容を説明してくれる、プロフェッショナルでハイレベルな「良い」教師を必要とします。

　そして、ピアニストに必要な音楽性や身体能力を備えた、才能ある生徒であったとしても、良い教師に学ぶことができなければ成長の過程に限界が出てきます。さらに、もし本人にとって良くない方法で訓練した場合、そのことにより手を傷めたり、健康を損なったりしてしまい、演奏すること自体に甚大なダメージがもたらされることも少なくありません。継続した努力ができることは必要な能力の一つですが、誤った方向に努力をしてしまうと、本来ならピアノ演奏にふさわしいはずの能力を、演奏不可能の方向に向けて誤作動させてしまうことにもなります。また、もしも良い指導ができない教師と良いとはいえない生徒のペアリングがあったとしたら、悪い結果以外を期待することはできないでしょう。

　ところで、ピアノ教育における常識的な見解として、ある年齢を超えたらピアニストとして成長することは不可能だという見方が浸透しています。しかしこれは、実は絶対に不可能というわけではなく、教師の特別な指導スキルと能力によっては可能な場合があります。

　例えば私はマスタークラスで、あるいは音楽大学でも、未熟なレベルの生徒から高水準の学生やピアニストまで、あらゆるレベルの受講者に対して必要に応じ、彼らのピアノ演奏の「誤ったパターンのテクニック」――奏法を矯正してきました。それも「生徒の年齢に関わらず」です。若い人から50代くらいまでの生徒を教育し、彼らに対しあらゆるピアノ演奏テクニックを作り直したのです。これを可能とするかどうかは、教師が持つ特別な指導スキルと個々の生徒の生理学的な敏感性（筋肉が持っている感性）によりますが、しかし、これは決して生徒の実年齢による条件では

ありません。また、日本人の中には身体の筋肉構造が、非常に、ときには驚異的なほどの弾力性を持っている人が多く存在しているという事実も申し上げておかなくてはなりません。ときに30歳から50歳の日本人の生徒が、ヨーロッパやロシアの若者よりも、非常に「若い」筋肉や生理機能を持っている場合もあるのです。このような場合に、彼らの筋肉のシステムを高レベルなピアノテクニックに適した方向に「正しく」改造することは、私にとって大変興味深く、可能な、やりがいある仕事でした。ただし、初めからシステマティックに良い教育を重ねていくのとは違い、間違ったシステムを身に付けてしまった生徒の演奏法を改変することを可能とするのは、非常に複雑で特殊なメソッドなのです。

第 7 章

# 音楽における美意識について

この章では、「意識」の一部として全ての人間の精神構造の中に存在している、ある一つの重要な「素質」にスポットを当ててみたいと思います。それは美意識のことです。


# 1　美における「好み」とは何か

　美についての感性というものは、人間である私たちの誰もが持っていますが、各個人が「何を良い・美しいと思うか」という「趣味の傾向」は千差万別であり、また様々な文化的水準によっても左右されます。
　「審美」（趣味の良し悪し）についての問題は、個人の意識の中でも、社会的な影響を受けている「好悪の感情」にも関わるため、研究するのが非常に複雑で難しいものの一つです。この「好み」というものはまた、実際には何の利益をもたらすわけでもないのに、人間の人生の中で、ある状況での評価や行動の選択を決定することもある、という不思議なものでもあります。
　世界の歴史を通して、ヨーロッパ文明の多くの偉大な思想家たち──プラトンやアリストテレスから現代の哲学者や、心理学の分野の芸術研究者まで──によって、この「審美」の問題に関する研究がなされてきました。しかしながら現在に至るまで「趣味とは何か」について「学問的に公式化された」あるいは「一般に受け入れられている」統一された「美学的な定義」は存在しておりません。この問題についての研究は、哲学、美学、心理学の広範な領域にわたるものですが、その一方で専門の研究者たちにはよく知られたテーマでもあります。ですから、このテーマ全体について本書で述べる必要性はもちろんなく、また不可能なことでもあるので、ピアノ演奏とピアノ教育に関わる部分についてのみ、端的に述べてみたいと思います。
　「美意識」「趣味の良し悪し」というものは、つかみどころのない不可解なもので、実験で科学的に立証したり、数学のように論理的な証明を導いたりはできないものの一つです。「好み」は、人間の知性と感情とにまたがる不思議な属性であるといえます。それでも一方では「美的嗜好」が、

その人の属する社会の民族的、地域的、歴史的、そして社会的な伝統と慣習によって、また本人の文化的水準とによって左右され大幅に定まってくる、ということが今までの学術的な研究から知られています。

　個人の「好み」の形成課程を見てみると、まず社会生活の中で毎日のように「好きか嫌いか」を「認識」する様々なシチュエーションに遭遇する「経験」があります。そのような経験を幾度となく重ねていく過程を経て、各々の「好みにおける判断基準」が育てられ「個人の趣味傾向」が次第に定着し、でき上がっていきます。それがひいては「行為の選択」の基準としても使われるようになっていくのです。

# 2　美の教育は可能か

　しかし大多数の人にとっては「特に洗練された」美的センス「趣味のよさ」というものは生きていくのに必要不可欠なものというわけではありません。それが生活や職業において重要な物事を左右するというわけではないのです。しかし、あらゆる「アート」に関わる領域で仕事をしている人、つまりアーティストや、芸術における教育活動をしている人にとって「優れた美意識」は、プロフェッショナルな芸術活動の非常に重要な部分の決定に関与し、成功できるかどうかの鍵ともなる、必須の条件なのです。

　ところが、この芸術において非常に大事な「趣味のよさ」について、ピアノ演奏芸術やピアノ教育法に関連した研究は十分にされておらず、また文献の中では私が知る限りではほとんど言及すらされておりません。非常に難しく複雑な問題であるとはいえ、あたかも存在が無視されたようになっているのは残念なことです。

　その理由の一つは、洗練された「芸術的センス」や「趣味のよさ」というものが、「教えること」だけでは身に付けられないものであるからかもしれません。美学と心理学の著名な研究によっても、また私自身の経験からもいえることですが「趣味のよさ」とは非常に限定的に「生まれ持った」

才能の型であり、ある人はそれを「持って」おり、またある人は「持っていない」あるいは「美への感受性と理解の程度に限界がある」というものだからです。しかし、経験ある、優れたプロフェッショナルな教師ならば、生徒の内にある、こうした才能や可能性の芽を見極め、それを引き出し育てていくことができるのです。


## 3　芸術における評価の二面性


　ところで、ピアノ演奏を含む芸術活動や作品を評価するときの基準には、実は次の二つの違った側面がある、ということをここで見てみたいと思います。


1. 聴衆（観客）が客観的な尺度で計ることができる側面。アーティストの技術的な熟達度やプロフェッショナルな水準の高さなど。ピアニストの場合にはテクニック面での完成度の高さや、受けた教育のレベルなどに対する評価。
2. 「美」に関する側面。アーティストの美的センスの洗練度や趣味のよさ。ピアニストの場合には、音楽作品の「解釈」や「表現」においての、演奏家の個性的な美意識に対する評価。


　「美意識」「何を美しいと感ずるか」は、もちろん常に主観的な、個人的なものです。それは、各人の心身のタイプによっても分類されて相互に相容れないような傾向がありますが、各個人においてはさらに限定的に現れる、その人物の（好悪の）感情による美的・芸術的な評価の仕方です。この個性的な属性から発展した「優れた美的センス」「趣味のよさ」というものが、高いクオリティのピアノ演奏とピアノ教育のためには欠くことができないということは、上で見た、芸術における評価の二つの側面の存在から見ても明らかでしょう。仮にあるピアニストが、技術的には完成度が

高くとも美的感覚に乏しく、趣味が悪かったとしたら——音楽をよく理解している聴衆を前にして、常に大きな成功を収める、ということはあり得ないでしょう。教師の側、生徒の側ともが高い「美意識」「良い趣味」を有しているかどうかということは、ピアニストが高い水準のアーティスティックな成果を上げ、聴衆を相手に大きな成功を得るための決め手となるのです。

# 4　日本人の持つ美的センス

　ここで、私の長年の教育活動から見えてきた、非常に興味深い事実の一つに触れておきたいと思います。それは、日本人の学生においては、ほとんど全ての人が深い内的感性——繊細な美的感覚や芸術的センス——を持ち合わせていたということです。もちろん、それは必ずしも常に十分に発達させられていたわけではありませんが、その可能性が備わっていたということです。

　それは恐らく、ほとんど全ての日本人の一人ひとりに、私たちを取り巻く自然と命のハーモニーと、その「美」を感じ取る心が、遺伝的に、また歴史の積み重ねを通して定着してきたからではないかと思います。これは「良い趣味」「美意識」そのものであり、それが日本では、教育水準や社会階級に関わらず、ほとんど全ての人に見られるのです。この素質により、日本人の学生には、芸術教育の中でも特に美意識の面において、他に比べてずっと速く、また格段に良い進歩が可能なのです。

　この日本人の優れた素質を証明するのが、日本の伝統芸術の歴史と現代のアートです。「石庭」をはじめとするあらゆる日本庭園、生け花、着物。「歌舞伎」「能」などの舞台芸術、北斎などの日本画。歴史的な、また現代の「建築」や、家屋や料理などのしつらい、ファッションなどのデザイン等……まだいくらでも挙げられるでしょう。これらは全て、類稀な「調和」と「美」に対する感覚という芸術的な美意識が、国民的な集団意識と

して日本人の精神の中に刻み込まれていることを現す実例です。この日本特有の「美」のエッセンス——独特なバランスの取り方、装飾の美など——は、今日、美における高い価値を追求する世界中のアーティストやデザイナーに影響を与え、様々な場で盛んに用いられています。


# 5　美意識の教育

　ところで、ピアノ教育において教師の「趣味のよさ」「美的感覚」というものは、実際の成果にどのような影響を及ぼすでしょうか。私の教育経験から見えてきたことを、ここで非常に単純化した「類型」として示してみたいと思います。分かりやすくするために、三つの異なったレベルのグループに分けてみます。

1. 教師の側に、優れた美的センスや趣味の良し悪しに関する鋭い感覚が欠けている、または乏しい場合。このような教師は「音楽」の良し悪し、つまり演奏における音質やデュナーミクなどが良いか悪いかを聴き取ることができません。したがって、このタイプの教師は生徒に「良い」音楽や音質のモデル、フレーズやデュナーミクを作るうえでの手本となる良いパターンなどを説明したり、ピアノで実際に演奏して聴かせたりすることもできません。

2. 教師が「受動的な」優れた美的感受性・良い趣味を有している場合。このような教師は、生徒の演奏の音楽面の「良し悪し」をよく聴き分け、理解することができます。そこで、生徒の演奏の音楽面について批判・批評すること、また「望ましい」「あるべき」表現について言葉やジェスチャー、表情などを使って「説明する」ことができます。しかし、ピアノで実際にその「望ましい」音や表現のモデルを弾いて聴かせることはできません。これは残念な欠如です。美というものは言葉で説明できるものではないので、その領域の内容を伝達するには、

実際に例を弾いて聴かせる方が言葉による説明よりも遥かに有効であるからです。

3. 教師が洗練された美的感覚を、表現という実践的なアウトプットにも適用できている場合。このような教師は「音楽」(音、スタイル、デュナーミクなど) をよく聴き、理解しており、また様々な趣味傾向を持つ生徒の「個性」への理解もあります。また、彼が生徒に求める「望ましい」表現や音のモデルを、実際に演奏してみせることで具体的に提示することができます。このような伝達こそが、実は教師の生徒に対する非常に重要な努めの一つなのです。


ここでこの章の結びとして、未だ統一された定義のない「美的感覚とは何か」について、私なりの見解を試みに述べてみたいと思います。「美」の定義の例として参考になるものの一つに、ピタゴラスやダ・ヴィンチといった偉大な美と法則の探求者たちが見出し、また採用した、今日までも使われている「黄金比」というものがあります。これは人間が「法則的に」美しいと感じる比率といわれているもので、根拠を証明することはできないとはいえ、感覚的に成程と思わせる説得力は十分あるといえるでしょう。この先人たちに倣って次のようにいうことができるのではないでしょうか。美を感じる感性とは、ある形態の——シンメトリーであれアシンメトリーであれ——全体と部分、また部分と部分の間の、組み合わせの均衡とハーモニー、そしてその全体の調和の美を感じ取れる能力ではないでしょうか。さらにいうと、その「形態」(外側に表れている形) と、藝術作品においては人間の精神内の世界・「内的宇宙」との、また私たちを取り巻く自然界においては内なる生命のエネルギーとでもいうようなものとの「連関」つまり、繋がり方における、ある種の法則性、そこにある調和的な「秩序」を感じ取り理解する能力ではないでしょうか。例えば「音」一つにおいてもこのようなものを感じ取る力が、音楽における美意識といえるでしょう。そしてこの「美を感じる心」は人間に生来に与えられた賜物であり、それを磨き、育てていくことは可能なのです。それを育むことこそは、教師にとっての最も高度な、真髄ともいえる課題でしょう。

第 8 章

# 音楽の「今」とピアニストの新しい課題

この章では、ピアニストである私たちをも含む人類全体が今日直面している、世界の全く新しい様相の中で、音楽とピアノ演奏の領域にも発生してきた新しい課題について、またその解決にはどのようなことが必要なのか、ということを考察してみたいと思います。


# 1　異なる国や民族の文化と音楽言語

　「西洋音楽」には、鍵盤楽器に関してだけでも、バロック時代から現在に至るまでの数百年にわたる長い歴史と伝統があります。また、今日までに数多くの音楽学者たちによって様々な角度から研究がなされ、数多くの文献が世の中に出ています。もちろん一口に「ヨーロッパ」といっても、国や地域ごとに異なる言語があり、各国にそれぞれの法律があり、精神性も互いに異なります。しかし普通、ヨーロッパの「クラシック音楽」という場合、これらの複数の国々の間に共通する音楽言語、構造、ドラマトゥルギーなどによる厳密なルールに基づいた「一つのもの」と見なすことができます。

　しかし音楽史上の「現代」は、ピアニストなどの音楽家が、西洋だけではなく、異なる文化を持つ国や民族の「音楽言語」（イントネーションなど）を理解し解釈しなければならない、という問題にはじめて直面することになった時代です。伝統的なクラシック音楽作品とは異なる新しいタイプの楽曲が、私たちが生きている今日の世界で日常的に聴かれるようになってきたからです。

　この「新しいタイプの楽曲」とは、ヨーロッパ以外の民族的、国民的な音楽：古代から続いてきた伝統やメンタリティー、感情的な傾向などを表現する音楽を指します。この種の現代音楽作品を演奏するときには、スタンダードなクラシック作品を演奏するときとは全く異なる原理による、ピアノ演奏のテクニックが求められます。それは、作曲者によって書かれた内容に応じた音色・音質のためのタッチやペダルなど、演奏に新しい表現のための演出や効果を与える技術です。この種の楽曲では、周知の、プロ

フェッショナルなピアニストたちに使われてきた「伝統的な西洋音楽のピアノ奏法・技法」と、新しいタイプの音楽のためのいわゆる「正統」とは異なる「現在も変化しつづけている新しい奏法」の両方を組み合わせて演奏の中に取り入れることが必要になるのです。

　現在に至るすぐ前の時代までは、個々の民族の文化は、数百年、数千年にわたり、混ざり合うことはなく、独自のものとして分かれて発展してきました。点としての伝達はあったとしても、その内容が互いに混ざり合うことはありませんでした。それまでは、現在のようにヨーロッパ以外の音楽の「生の」「本物の」要素がクラシック音楽のピアノ曲において使用されることはなかったのです。ピアノ音楽とピアノ曲における上記のような異文化の混在は、現在になって初めて起こった全く新しい状況なのです。

　現代では様々な国に、ユニークな才能を持つ、国際的に一流の水準の「新しい国民的音楽」を書く作曲家たちが存在しています。例えば日本では、武満徹、尾高淳忠など多くの作曲家が挙げられますが、もっと若い世代では、徳山美奈子の作品「ムジカ・ナラ～ピアノのために」などの例で見られるように、日本人の血の中に流れている原初的な精神を音として具現したような作品もあります。このようなタイプの楽曲を演奏するために、演奏者は日本の上古の音楽や、「日本音楽」として発達してきたあらゆるジャンルの伝統を知ることが必要です。例えば五音音階、沖縄音楽などに見られる打楽器のポリリズム、日本音楽に特有の抑揚、発音や、フレーズのメロディーの運び方とアーティキュレーション、特殊な音（例：お寺の鐘の音、日本庭園の水琴窟など）、ハーモニーの色彩などが挙げられます。演奏者はまた、日本人の精神や心、日本人にしか見られないような特異な性格、神道や仏教の考え方、神話の神々、妖怪変化などの存在やその行動……、これらについてのイメージを知り、表現しなければなりません。この種の国民的・民族的音楽に根差した楽曲の大多数は、伝統的なクラシック音楽の構成法に従った書法でピアノのために書かれています。しかし、こうした楽曲の演奏を最高のクオリティで成功に導くためには、ピアニストは日本の文化と歴史、上古に発し育ってきた日本音楽の性格と精神、特有の香りなどを、表面的にではなく深い理解を持ってなぞり、また

ピアノという楽器の上で適切に表出するためには、全く新しいタイプのテクニックを開発しなければなりません。

　日本に限らず、現在の各国の音楽文化においても同様の状況があります。例えばアゼルバイジャンなど、今まで西洋音楽の中心とは見られていなかった国々でも、多くの才能ある作曲家と興味深い作品の数々を見出すことができます。このような、別の国の流儀を持つ作曲家の音楽を説得力のある表現で演奏するのは、その国や地域の音楽文化を知らず、理解していないピアニストや音楽家にとっては非常に難しいといえます。

　「各国、各地域を象徴する音楽」は、互いにとてもかけ離れた大きな相違と、それぞれに特有な性格があります。例えばラテン音楽のダンスのリズム、古風なヨーロッパ音楽、若しくはスラブ音楽の和声の調子、インド若しくはアラビアの古代からの伝統音楽の即興的でモノトーンのリズム、アフリカの国々の打楽器のポリリズム、アメリカのジャズのシンコペーションなど。そして現在では、益々多くの作曲家が、これらの要素を使った非常に独自なピアノ音楽を作曲しています。さらに、こうしたピアノ音楽の作品の中には、複数の異なる音楽文化の要素を同時に使用して作曲されているものもしばしばあります。

　ヒナステラ、タケミツ、レグオナ、ガジエフなどの作品のような、西洋とは異なる音楽の伝統を反映したピアノ音楽を、モーツァルト、ベートーヴェン、シューベルト、シューマン、ショパン、リスト、ラフマニノフなど「西洋クラシック音楽」の作曲家による作品と同様の音質やタッチのテクニックで、また精神性もそのままで「適切に」演奏することは、もちろんできません。この種の「新しい」音楽作品の真に優れた演奏をしようとするならば、ピアニストは、その作品にふさわしい全く新しい「第二の人格」と、今までに使ったことがないような音のテクニックのための「別種の指」を創り出す必要があります。そこまでしてはじめて、今日求められる世界的なレベルのピアノ演奏芸術の課題——音の効果、精緻なタッチ、ポリリズム、様々なエキゾチックなイントネーションなど——に応えることができるのです。

## 2　現代社会と音楽の様相

　今日、日本を含む様々な国や民族の音楽は、世界のあらゆる地域の社会文化と、その音楽活動の中に次第に侵入してきつつあります。この現象は多くの場合、私たちを取り巻くごく日常の生活環境の中で始まっています。例えば、映画、ダンス、テレビ、ラジオ、公共の場での BGM、インターネット、ゲームなどで使われている音楽などのように。また、そこで聴かれる音楽は、あらゆるジャンルにわたっています。ジャズ、ポップスなどの軽音楽と同時に、ラテン、インド、アフリカ、スラブなどの国民・民族的音楽も、そしてそれらの音楽が含むあらゆるメロディー、リズム、ハーモニー、節回しの特徴も、人々は自然に耳にしているのです。こういった音楽的環境の中に、もちろん西洋「クラシック」音楽の伝統も一要素として含まれています。これら全ての要素が日常聴かれる音楽の中に混ざりこみ、あるいは意図的に使われ、ひいては互いに影響し合い、浸透し合いつつあります。つまり、これら全ての要素が、あらゆる地域の市民生活における日常的な音楽活動の一部となり始めていて、私たちが生きている「現代の」音楽の一部となっているのだ、ということが理解できるでしょう。

　これが私たちを取り巻いている音楽の様相であり、社会における音楽の現状況です。そしてこの現象のありさまが、一流の作曲家たちによって、その作品であるピアノ曲にもまさに今、組み込まれ使われ始めているところなのです。この複雑な、後戻りできない進行の課程は、実はすでにかなり以前から始まっていました。受け手にとって聞き慣れない、風変わりな、他国の国民的・民族的な音楽の特徴が、「異国趣味」あるいは「古代趣味」的なイメージとして、偉大な作曲家たち（リムスキー・コルサコフ、ドビュッシー、ボロディン、ムソルグスキーなど）によって使われたような例が、これにあたります。

　しかし今日では、全ての元来の国民的・民族的音楽文化は、エキゾチッ

クな「香り付け」のような付加価値としてだけではなく、非常に能動的に、時には攻撃的・侵略的といえるほどの勢いで世界中の音楽生活に入り込んできているのです。この新しい音楽文化の状況が、世界全体に共通した人類の音楽的「意識」をいわば「教育」し、新しい美的な嗜好の傾向、つまりあらゆる種類の国民的音楽を受け入れる素地を作っているのだといえます。音楽の発展の新しい過程と、そこから生じてきた新たなイメージは、すでに世界中のあらゆる国や民族的な共同体の「新しい美的嗜好と音楽的要求」を、人類共通の無意識のレベルで「教育」し、現実の「新文化」として形成しつつあるのです。

　この新しい状況の中で、一般の人々、そしてもちろんコンサートの聴衆も、新しい音楽的な聴覚経験と新しい美的嗜好を持つようになってきています。このような聴衆を前にした演奏家には、聴き手に新鮮な感動・影響を与えることができる「新しい手法」が必要になります。ピアニストには、今までよりもさらにブリリアントに、色彩豊かに、興味をそそるような深い表現が必要になってきているのです。

　世界の歴史上初めて起こった、異なる国民的・民族的文化が双方向に侵入・浸透し、影響を与え合うという現代の状況。この歴史的な進化と新生は逆行不可能なものであり、そして客観的な事実です。この現象が、今日の音楽生活を非常に新鮮に、多種多様に、多彩に、そしてエキサイティングにしています。こうした今日の音楽生活の全てが、人々に「新鮮で非常に刺激的な、パワフルで深い音楽的情報」を与え、さらには、人々の音楽的興味の幅という「文化的地平線」を広げているのです。


# 3　ピアノ演奏と教育の新しい課題


　これまでに述べてきたような現象を内包し反映した「新しいタイプの楽曲」の内容を「実現」「表現」し、演奏を成功させるためには、いかなる国籍を持ったピアニストも、自分が属するグループとは別の民族の音楽文

化や作曲家を理解し、あたかも「彼らのように成りきって」演奏するということが必要になります。それは、自分とは異なる民族の音楽文化や民族的な感情、異なる個性を持つ作曲家たちの感情や性格を「まるで自分自身のもののように」感じる、ということです。さらにいうと、その楽曲を演奏している間は、演奏者自身が変容し、あたかも「異国の、別の人物に」「生まれ変わる」ことが求められるのです。これは、例えば優れた俳優が劇場の舞台で、海外の作家による作品を演じるのにも似たプロセスといえます。

　民族的・国民的文化の世界は広く深く、非常に興味深いものです。その異なった精神、異なった音楽の形態といった未知の「アイディア」に触れ、知ることは、私たちに新しい地点からの、全く別の規模へと拡がる視界を与えてくれます。そしてさらには、ピアニストなどの芸術家をも含む全人類が存在し生きている「今」の世界全体への、新しい見方をもたらしてくれるのです。

　複数の異なる民族的・国民的文化の精神がダイナミックにぶつかり混じり合い、新しい大きなエネルギーのるつぼとなっている今日の世界。その所産である聴衆もまた、感受性を無意識的に進化させています。ピアニストは、この章で述べたような新しい課題を常に研究し続け、新しい表現を開発していかなければ、この今までとは全く違う聴衆の心を捉えることはできないでしょう。コンサートピアニストと、ピアニストを育てる教師には、生きて変化し続けている世界の「今」を感受し、理解し、そこで通用する新しい演奏法・表現法を創り出すこと、また生徒にはそれを伝達していくことが求められています。それは私たちに課せられた、困難ではありますが興味の尽きない、アーティスティックでクリエイティブな、新しい「挑戦」なのです。

A Way to Piano Performance

About creative piano education

## Summary

This book deals with various questions of how to educate pianists as concert artists. It also provides detailed and concise information and advice on main areas that might be of interest and useful to any pianist who wishes to find his own way to an individual thinking and understanding of the different sides of piano playing. The book begins with some basic reflections on music as a phenomenon and on the meaning of the musical text.

The second chapter analyses different types of methodological approaches used in piano education and explains the importance of an individual approach to lead pianists to a high level artistic performance. Addressed to Japanese readers, this chapter also points out that many Japanese have a somewhat own type of physique and explains why some sides of well-known methods are not suitable for some Japanese pianists.

This is followed by a chapter that examines the aspects of piano technique that are essential for concert pianists.

Chapter four tackles the subject of pianist diseases.

Chapter five deals with the special area of how to use the right and the left pedals, also addressing the pedals' unique abilities to create artistic sound effects.

Furthermore, the sixth chapter covers the question of how the interaction and relationship between teacher and student can produce optimal results, also considering the psychology and cultural background of the Japanese.

Chapter seven shows the importance of aesthetic taste in music and examines how to develop it in piano education.

The final chapter describes the musical situation in today's age of globalization and of mutual influences between the musical cultures of various ethnics and nationalities, and it names the associated new tasks for concert pianists.

# あとがき

　本書における論考の試みが、何らかの形で読者のお役に立つことができれば、私にとって望外の喜びです。

　音楽とピアノ演奏、またその教育についての言葉で表現するのが極めて難しい内容を、オリジナルの日本語版のために熟考を重ね、協力して最大限の努力を尽くし編訳してくれた、私の長年の弟子であり助手としての指導にも携わっている石井久美子、永木早知の両人には、私から感謝の念を伝えたいと思います。

　本書の内容の中でも実践上の問題でご質問がある場合には、この二人にお問い合わせいただくことも可能です。またこの場を借りて、過去に私のマスタークラスをオーガナイズし、またその他にも様々な音楽的・教育的活動において多大な手助けをしてくれたアシスタントたちに心から感謝し、敬意を表したいと思います。私が日本で暮らした年月の中での彼らとの交流は、非常に複雑で深く、また少なからず相反するような様々な面を含む、日本人の性格やものの見方を知り理解するための非常な助けになりました。また、全くユニークで洗練された、数百年来の古きから続く日本の伝統的な国民的・民族的文化を理解する助けにもなりました。

　最後になりましたが、本書を出版するにあたり、株式会社スタイルノートの池田茂樹様には大変お世話になりました。この場をお借りして厚く御礼も申し上げます。

ニキタ・ユジャニン

## 著者　ニキタ・ユジャニン　Nikita Juzhanin

国際的に高名なピアノ教授。ロシア、サンクト・ペテルブルグにて P. セレブリャコフに、モスクワにて G. ネイガウスに師事、また N. マガロフ、E. ギレリス、J. フリエール他の著名なピアニストの薫陶を受けた。音楽及び理学（哲学と心理学）の博士号を取得。また、国立研究所（当時レニングラード）で職業病と外傷のための特別な教育を受けた。

1968 年にサンクト・ペテルブルグ音楽院の教授に就任、以来 26 年間同職（内 10 年間は学部長）を務めた。1987 年より国立グネーシンアカデミー（モスクワ）、中央フィンランド音楽院の教授を兼任。

2000 年より長年にわたり神戸女学院大学、昭和音楽大学、トロッシンゲン音楽大学（ドイツ）、サンクト・ペテルブルグ音楽院（ロシア）の客員教授を歴任。

音楽大学・大学院からプロのピアニストのレベルにおいての教授の傍ら、氏は常に才能ある子供や若いピアニストたちの教育を、サンクト・ペテルブルグ及びモスクワの特別学校にて、また世界各国におけるマスタークラスで続けてきた。また、氏の広範にわたる教育業の中で、身体的・心理的な問題に悩むピアニストへの指導は重要な一部を占め、これらの問題を解決するための特別なメソッドを開発した。ユジャニン氏の指導に助けられ、一度は演奏を諦めた多くのピアニストがステージへのカムバックを果たした。

リサイタルや主要なオーケストラとの共演（V. ゲルギエフ、M. ヤンソンス、I. ムーシンなどの著名な指揮者のもと）などの演奏と、マスタークラスでの指導におけるユジャニン氏の活動範囲は西欧・東欧諸国、南北アメリカ、ロシア、イスラエル、日本、中国、韓国、中央アジア、中近東、コーカサス地方、アフリカなど、世界各地の多くの国々に及ぶ。氏の国際的な活動はまた多くの音楽祭や国際・国内ピアノコンクールの主催、また芸術監督や審査員としての仕事も含む。

氏はこれまでにピアノ音楽（解釈、演奏、指導など）、哲学及び美学の領域で 30 以上の論文・記事を学術誌や音楽雑誌に発表した（ロシア、ドイツ、ウクライナ、フィンランド、日本、韓国）。

ユジャニン氏の多くの生徒が著名な国際コンクールで入賞、また現在様々な国（ロシア、フランス、ドイツ、アメリカ合衆国など）でコンサートピアニストとして、またピアノ教授として活躍している。現在、フィンランドに在住。

## 石井久美子（編著）

埼玉県出身、東京都在住。日本国内の音楽大学を卒業後、サンクト・ペテルブルグ音楽院 Postgraduate Course under Nikita JUZHANIN 修了。1999 年よりニキタ・ユジャニン教授に師事しピアノ演奏法、教授法を学ぶ。2009 年より現在までユジャニン教授のマスタークラスにて助手を務め、指導にあたっている。国際ショパンシンポジウム、国際バッハシンポジウム、国際ラフマニノフシンポジウム（アメリカ）、国際ピアノシンポジウム（ドイツ）に参加しコンサートに出演、フィンランドや東京でのソロリサイタルなど、国内外で演奏活動を行っている。Maestro Japan 主宰。

## 永木早知（編共訳）

東京藝術大学、英国王立音楽大学大学院卒業後、中央フィンランド音楽院にてニキタ・ユジャニン教授に師事、同音楽院にて氏のアシスタントを務めた。ロンドンでのデビューリサイタル以来、ヨーロッパ、ロシア、日本、南北アメリカ、中近東にてオーケストラとの共演やソロリサイタル、室内楽など幅広い演奏活動と、CD、ラジオ、テレビ放送への録音を行っている。同時にこれまで日本、英国、フィンランド、ドイツにおいて、才能ある子供のための音楽学校から音楽院に至る様々な教育機関で、また 2003 年よりドイツ、テュービンゲン市に Piano College Maestro を開き、指導をしてきた。

## ピアノ演奏への道
—— 創造的なピアノ教育について

発行日　2023 年 10 月 17 日　第 1 刷

著　　　者　ニキタ・ユジャニン
編　　　著　石井久美子
共　編　訳　永木早知

発　行　人　池田茂樹
発　行　所　株式会社スタイルノート
　　　　　　〒 185-0021
　　　　　　東京都国分寺市南町 2-17-9-5F
　　　　　　電話 042-329-9288
　　　　　　E-Mail books@stylenote.co.jp
　　　　　　URL https://www.stylenote.co.jp/

装　　　幀　Malpu Design（宮崎萌美）
印　　　刷　シナノ印刷株式会社
製　　　本　シナノ印刷株式会社